知识生产的原创基地
BASE FOR ORIGINAL CREATIVE CONTENT

颉腾商业
JIE TENG BUSINESS

数字领导力

[美] 拉姆·查兰　　拉贾·瓦提库提 ◎著
（Ram Charan）（Raj B. Vattikuti）

田田 ◎译

THE
DIGITAL LEADER
FINDING A FASTER,
MORE PROFITABLE PATH TO EXCEPTIONAL GROWTH

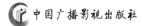
中国广播影视出版社

图书在版编目（ＣＩＰ）数据

数字领导力 / (美) 拉姆·查兰, (美) 拉贾·瓦提库提著；田田译. -- 北京：中国广播影视出版社，2023.12

书名原文: The Digital Leader: Finding a Faster, More Profitable Path to Exceptional Growth

ISBN 978-7-5043-9156-8

Ⅰ.①数… Ⅱ.①拉… ②拉… ③田… Ⅲ.①企业管理—数字化—研究 Ⅳ.①F272.7

中国国家版本馆CIP数据核字(2023)第247167号

数字领导力

[美] 拉姆·查兰　拉贾·瓦提库提　著

田田　译

策　划	颉腾文化	
责任编辑	刘雨桥	
责任校对	张　哲	

出版发行　中国广播影视出版社

电　话　010-86093580　010-86093583

社　址　北京市西城区真武庙二条9号

邮　编　100045

网　址　www.crtp.com.cn

电子信箱　crtp8@sina.com

经　销　全国各地新华书店

印　刷　文畅阁印刷有限公司

开　本　880毫米×1230毫米　1/32

字　数　84（千）字

印　张　5

版　次　2023年12月第1版　2023年12月第1次印刷

书　号　ISBN 978-7-5043-9156-8

定　价　59.00元

（版权所有 翻印必究·印装有误 负责调换）

献给那些与我共同生活 50 年的大家族的 12 位兄弟姐妹，正是他们的付出与牺牲，才给了我获得正规教育的机会。

——拉姆·查兰

本书献给那些数字商业变革的实践者，你们的奉献精神永远激励着我。

——拉贾·瓦提库提

企业数字化转型的行动指南

马　亮

中国人民大学公共管理学院教授、国家发展与战略研究院研究员

在一切皆可数字化的时代，如果企业的战略、研发、生产、运营、管理、营销和客户关系管理等全生命周期的各个环节无法实现数字化，就必然面临坐以待毙的厄运。反之，如果企业可以找准数字化的方向和路径，就能成功地实现转型并适应数字时代的竞争态势。

任何企业都想通过数字化转型，从优秀走向卓越，并实现基业长青。但是，数字化转型的高不确定性、高额投入、高失败率等特征，让不少中小企业望而却步或不知所措。那么，有没有适合这些企业的数字化转型战略，能够帮助管理人员找准方向和用对策略，真正实现企业数字化转型呢？

近年来，数字化转型是热门话题，探讨企业如何实现数字化转型的著作并不少。但是，这些著作往往是在讨论企业为什么要数字化转型、什么是数字化转型、数字化转型意味着什么，而对企业具体如何实现数字化转型缺乏简明扼要和

行之有效的行动指南。拉姆·查兰与拉贾·瓦提库提合著的《数字领导力》这本内容简洁明了的书，为企业数字化转型提供了方向明确和实操性强的行动指南，为各类企业寻找到了一条速度更快和更赚钱的卓越增长路径。

这本书包括理念和案例两个部分，为企业数字化转型明确了做什么和怎么做。在理念部分，作者构建了一个十分简洁的分析框架，说明企业数字化转型需要树立的理念和采取的措施。在案例部分，该书介绍了 25 个低投资和高回报的数字化业务案例，每个案例都从痛点、商业需求及其重要性、解决方案、需要运用的算法、实施该方案所需成本、商业价值和商业影响等方面进行介绍，手把手指导管理人员设计和实施数字化转型方案。

数据和算法会带来新商业模式，并推动企业价值链成长，在各个关键节点上加快增值。该书谈道："由正确的人才领导并运用了改进的决策模式，那么整个数字化过程就会自我反哺，带给你成倍的动力。"作者列举大量成功和失败的实例，雄辩地说明了"小步幅推进"的数字技术可以帮助企业快速实现数字化转型。这本书传递的信号令人振奋，必然会让许多对数字化转型缺乏信心的管理人员重拾信心。

数字化转型看似只是将数字技术引入企业运营，实则是十分复杂的系统工程。数字化转型往往需要自上而下和由外而内，实质性地推动企业业务、人员、数据与技术的深度融合。数字化转型意味着技术与业务的融合，使数字技术服务于业务达成，使业务运行体现为数字化。企业的实际运行要反映在数字平台和数据上，而不是技术和业务"两张皮"。这类似于数字孪生的概念，即企业的一举一动要映射在数字平台上，反之亦然。

数字化转型是企业战略问题，如果缺乏高层领导者的亲力亲为、强力支持和全程参与，就可能功亏一篑。数字化转型会触动一些部门的利益和个人的权力，如果不能自上而下地强力推动，就很难指望其取得实质性进展。该书指出："首席执行官直接参与数字化过程，这会向整个公司和所有利益相关者传递一个信号——数字化对公司来说，是优先发展的任务，每个人都需要服从命令。"

数字化转型的第一步是在外部数字化推手的帮助下，把企业内部分散在各个部门和格式不一的各类数据汇聚为"单一信息源"（Single Source of Truth），从而充分发挥大数据分析的潜在价值。这有助于高层更清楚地监测企业战略发展趋势，改善市场需求预测，并加快电子商务发展。因此，数字化转型的基础是企业数据化，而这需要将分散在各个部门的各类数据进行梳理、标准化和汇聚，并用于数据可视化、数据分析和决策辅助。数据不是一个中性概念，往往意味着权力和利益，而要将其汇聚和共享往往费尽周折。所以，企业需要寻找一条合适的道路，将企业运营数据化，并最大化数据要素蕴含的无限潜能。

企业内部既有的数字技术团队往往因循守旧或抱残守缺，缺乏数字化转型的动力和能力。相对来说，外部引入的数字技术团队和解决方案则有助于加快数字化转型。数字化推手提供数字化转型的解决方案，企业可以选择数字化推手并与之构建伙伴关系。但是，企业不是向其外包转型工作，而是使其成为企业战略合作伙伴。数字化推手未必是大型咨询公司鼓吹的大爆炸项目，而是可以通过小规模、低成本和循序渐进的方式实现的。但是，十分重要的是要避免"外来的和尚念歪经"，真正让"外来的和尚念好经"。

数字化转型的核心是人，而人的数字化是企业数字化的前提。不少企业采购和配备了昂贵而先进的数字技术，但是员工不想用或不会用，很快因技术折旧或技术过时而遭淘汰，并使人们对数字化心存抵触。因此，数字化转型需要企业全员的支持，共同协力推动企业的数字化战略。

该书强调："数字化成功的关键不仅在于迈出正确的一步，更要在此基础之上持之以恒、不断强化。"锁定企业运行过程中的痛点，聚焦价值链、关键盈利指标和现金流，才能找准数字化发力的"当头炮"。数字化转型意味着要坚持项目全局化，能够梳理所有痛点并形成可执行的战略地图。数字化转型也需要一线员工的参与，因为他们是公司潜在的数字"大使"，迫切希望实现数字化转型。

企业的数字化转型离不开数字领导力的加持，而这需要高层领导者的支持和参与（比如通过总经理的"特使"来履行职责），需要对口的技术人才推动，需要搭建四人左右的核心团队，并持续不断地学习和培训。因此，企业高层领导者要迎接领导力的挑战，在选人用人和项目推进方面高度参与。该书指出："如果高管对重新分配资源、人员调动以及行为辅导不熟悉，他们自身就会成为公司发展过程中的阻碍。"首席执行官要招聘合适的首席数据官，力排众议解决转型停摆的困境，并为数字化转型保驾护航。企业高层领导者毫无疑问会犯错，但是要及时识错、知错和纠错，避免数字化转型停滞或跑偏。

本书除了对各类企业有所增益，也适用于政府部门、非营利组织等其他组织。任何致力于数字化转型的组织，都可以通过这本书找到可操作的策略和技巧，确保数字化的方向是正确的，采用的策略是有效的，达成的结果是可预期的。

当然，因为中国企业经营的环境不同，书中不少观点可能未必完全适用。作者在书中援引全球各国和不同行业的真实案例，也是在反复说明企业数字化转型存在一些共性特征。各个企业的具体情况不同，毫无疑问应该因地制宜，而不应照搬照抄。我们期待更多企业可以拥抱数字化转型的全球浪潮和时代机遇，推动企业持续挖掘和兑现数字红利。

Acknowledgements | 致谢

技术的不断变化与数据的激增，促进了现代数字商业需求的迅速增长。很多公司都在以极快的速度和频率重塑自身组织结构。能够接受新模式改革的公司会获得成功，而那些拒绝改革的公司则有可能越差越远。

我们在此对为本书作出贡献的实践者表示感谢。他们深知，接受数字化改革的公司，都会面临复杂的挑战，但都在努力推进这些公司所需的变革。作为行业专家，他们与全球各地的公司进行合作，在精简业务和技术的同时，又保证了改革的速度、规模和结果。我们创建了这本数字操作指南，提供指导、方法和真实案例，就是为了帮助更多人在数字业务转型的道路上获得成功。

在此特别感谢阿尼尔·阿尔沃尔（Anil Allewar）、佐兰·波格丹诺维奇（Zoran Bogdanovic）、丹尼斯·凯里（Dennis Carey）、帕拉斯·钱德里亚（Paras Chandaria）、伯德里纳特·坎南（Badhrinath Kannan）、阿努杰·考希克（Anuj Kaushik）、高塔姆·马卡尼（Gautam Makani）、贾亚普拉卡什·奈尔（Jayaprakash Nair）、贾克·纳赛尔（Jac Nasser）、拉古·波蒂尼（Raghu

Potini）、伊格纳西奥·塞戈维亚（Ignacio Segovia）、米诺伊·辛格（Minoj Singh）、阿尼尔·索马尼（Anil Somani）、克里希纳·苏廷德拉（Krishna Sudheendra）、拉贾·桑德里森（Raj Sundaresan）、维普尔·瓦拉米杰（Vipul Valamjee）、斯里坎特·维拉玛坎尼（Srikanth Velamakanni）、西瓦南达·文卡塔萨米（Sivanandam Venkatasamy）以及乔治·佐格比（George Zoghbi）等。

最后，我们对帮助我们出版图书的詹姆斯·斯坦恩高德（James Sterngold）先生、格里·韦利根（Geri Willigan）女士、扎克·西斯盖（Zach Schisga1）编辑以及威利（Wiley）出版集团表示衷心感谢，没有你们的付出，就没有今天出版的文字，感谢你们在整个过程中对我们的指导与帮助。

Contents | **目录**

1

第一部分

理念

第1章

全新、简洁的数字化路径

对还未引入数字科技的公司来说，"要么数字化，要么灭亡"这句警告，就意味着未接受数字化的企业，将无法与那些长期使用算法与机器学习的企业相竞争，因为那些接受数字化的企业会对客户需求与商品定价、利润提升更了解，这也意味着这些企业会更赚钱。

尽管企业数字化过程的需求很迫切，但我们也总能听到数字化转型过后的企业高管的心声：数字化过程费钱、费力、费时间。部分公司可能花费数百万至数千万美元不等的高昂费用，却收效甚微，这就导致人们怀疑，数字化过程是否会带来相应的物质回报。还有一部分公司目前还不确定该从何处开始数字化之旅，尽管它们会看到越来越多的事实证明，数字化不管是对传统企业还是对新兴产业都有显著成效，但这些都还不足以成为公司进行数字化的动力。

不过，对以上两类公司来说，倒是有一个好消息：信息产业本身正在大踏步前进。企业数字化并不会立刻对公司的整个结构产生颠覆性影响，也不会成为无休无止的"流水账"。目前的数字化技术已经更高效、经济，也更简单。新数字化技术可以在小范围或者小单元内分别完成，并且收获可量化的结果。这些成效会将后续的技术项目有效串联起来。

一些新兴的小公司可能会为数字化转型提供一些更有利的证据。为了利用机器学习与人工智能的技术优势，这些小公司雇用了一批既精通科技又有商业远见卓识的人才，他们可以熟练运用机器学习与人工智能的相关知识为企业解决痛点问题。这就意味着，不仅将与商业相关的信息转换为 1 和 0 这些数字代码，他们主要还是通过企业数字化的过程，将相关数据转入算法中，从而更快地为企业按需提供重要的商业结论。

这一新发展让企业的数字化变得更有可操作性。启动资金目前也都在大多数企业的可控范围内，而且只要我们找对入手点，数字化会更快地实现物质回报。

这些小公司，或者我们称其为"数字化推手"，或许还不够声名远扬，但它们着实为大大小小的各类企业提供了最前沿的科技服务。比如商业巨头亚马逊，就使用了这些小公司提供的服务。有了推手的帮助，亚马逊在仅仅 6 个月内，就收获了可量化的成效，它仅支付了 40 万美元的酬劳，而不是以往的 400 万美元的天价开支。

　　我们已经为很多公司在数字化的道路上"排忧解难"了。在 2020 年 8 月，也是新冠肺炎疫情最严重时期的某天晚上，我们接到了一通电话。打来电话的是某大型服装品牌的董事长。这位先生特别焦急，因为他位于印度的商店，由于新冠肺炎疫情封锁，完全没有顾客光顾。这引发了多米诺骨牌效应——这家服装公司没有一个正常运转的网站作为线上销售渠道，进而无法弥补线下实体店铺的亏空，库存商品便积压在实体店铺、仓库、无计可施的供应商之间，导致收入日渐减少。更糟糕的是，这家服装公司旗舰品牌的上升趋势依赖于顾客的满意度，可近段时间以来，品牌无法维持顾客的满意度，恐怕会造成客源流失。

　　第二天，拉姆·查兰就联系到他认识的三位最棒的数字化推手。经过一番洽谈，董事长选定了其中的一位。这位推手第一时间联系公司的首席执行官，双方一拍即合，在短短72 小时内，销售公司与零售店铺各自组建了一支团队以便共同制定、评估实施项目。其中，数字化的销售团队包括数据科学家、算法专家以及其他软件工程师。他们前往印度解决这家服装公司的难题。

　　接下来的一周时间内，数字化团队提出建设一个全新的数字平台方案，为公司的网页运行以及在印度境内开展的电商服务提供支持，公司也可以通过该平台获取相关的管理数据。而仅过了短短四周时间，团队就通过一次线上模拟操作印证了上述平台的可实施性。五周之后，这个平台顺利搭建起来，并投入日常运行中。

即便新冠肺炎疫情阻隔重重，这家公司依旧在印度起死回生——销量攀升、现金流回升，公司甚至计划将整个企业都进行数字化改造。

与其他案例一样，上述服装公司的故事让人眼前一亮。数字化推手推出的项目——低成本、快回报的优点，在各类行业中取得了可喜的成绩，比如医疗行业、银行业、农业等。我们坚信，对大多数企业来说，借助外部力量来一点一点地改变整个企业，是通往数字化的最佳途径。

数字化过程的最终目标始终如一，即发掘数字科技的最大潜能，帮助企业从头到脚焕发一新，比如商业模式与收益模式，再比如维持顾客关系、销售链以及组织结构等。数字科技会改变以下方面：信息收集、产品设计、决策制定、端到端价值链的形成以及了解并取悦顾客等。

类似强有力的改变既需要发挥想象力，又需要借助科技的力量。单单引入最新的数字技术是无法高效完成公司数字化任务的。就如上述服装公司数字化的过程那样，运用数字化项目解决一个小问题之后，将数字化运用到公司其他方面的建设中，做到"由小及大"。

本书旨在阐述我们是如何通过"小步幅推进"的数字化

技术，帮助企业在短时间内收获可喜的量化成果的。或许，本书更像是企业数字化道路上的一颗启明星，帮助企业从"数字小白"进阶为"高端玩家"。我们会在书中解释如何一步一步去确定合适的数字化项目，以及怎样做才能让该项目符合企业的最高利益。同时，书中会展示这些领衔于科技领域的数字化推手与实践者的风采。本书不仅会介绍数位优秀的数字化推手，更会帮助读者找到与自身情况相匹配的数字化推手，这样才会达到事半功倍的效果。

相信随着时间的推移，在数字化道路上的每一小步前进最终会融汇成整体规模的效果与获益。其实，并非科技带来了改变。变革的源泉来源于公司领导力与科技的融合，以及我们不断实验和创新的整个过程。

数据构成了数字化收效的基础，毕竟所有机器计算的输出结果基本上都取决于计算数据的质量与重要性。假使数据缺失，即便是使用谷歌公司 Analytics 软件或者 IBM 公司 Watson 软件的复杂算法，都无法得出有效结果。大多数企业的数据呈现出分散性、隐藏性以及数据本身的多格式等特征。如果经过公司授权，任何人都想要拿到相同效果的数据，那么必须先将所有数据收集起来，然后统一转换成一致的格式。我们的数字化推手可以将数据转换成一个"单一信息源"，并保证数据的有用性与统一性。公共数据的分享使用既可以排除政治活动的干扰，又能激发合作与发展的速度。决策层有了这些数据，就如同给近视眼患者配上一副完美的眼镜一般，他们会格外清楚地看到数字化带来的收益。

有了 AI 的加持，企业在供应商、销售商、仓库以及客户之间等日常经营过程中产生的数据，会转化为更有操作性的信息，比如针对不同消费模式的分析生成个性化价格等。这样，企业会更了解自己的客户，也可以在短时间内以更低的风险做到推陈出新。销售前景与供应商的完美配合将会让企业的收入愈发可观。

数字化过程甚至会收获意料之外的结果：消除公司三层管理层级之外的层级，并且为人才定制个性化的职业发展路径。采用了正确的数字化过程，不仅可以解决公司面临的问题，还能为公司带来更多的活力，这些都是肉眼可见的收效。除此之外，还有一个不容忽视的方面：公司上下对数字化过程的态度会由害怕、畏缩变为接受、期待。

如果你还在犹豫是否让公司加入数字化过程，那你不是个例，大约有 90% 的公司目前都还在观望是否加入数字化浪潮。除此之外，麦肯锡公司的一项调查显示，大概有70% 的公司在数字化的过程中遭遇挫败。弗雷斯特咨询公司（Forrester Consulting）的一项最新调查结果证实了上述数字的真实性，但其同时显示：真正卓越的公司决策者对数字化过程抱有坚定的信念——只有通过长期的坚持与发展，才能收获自己需要的物质利益。这根本不是一蹴而就的过程。

最近，由互联商务委员会（Connected Commerce Council）、谷歌公司与格林伯格公司（Greenberg, Inc.）联合量化考察公司的数字化结果。考察结果显示，即便是小型公司，在进行了数字化之后，能够维系的客户数量也是"未完全数字化"的公司的 3 倍，因为后者并未有效利用整套数字化工具；另外，先进的数字化公司会比未数字化公司吸引来 20 倍之多的新客户！这些客户不就是公司的命脉嘛！

我们都应当意识到：市场形势已经出现了大变革！现在，向前改革的风险已经远远小于原地停滞不前会面临的危机。有了外力的推动，成功真的指日可待！

那么，你会从哪方面先进行尝试呢？

第2章

单一信息源：数字化的第一步

在企业数字化过程中，迈好这"第一步"会带来哪些收益？下面将介绍几位数字化先驱，以及它们是如何成功解决企业价值链中的不同问题的。

2.1 从混乱的数据流到单一真实的信息源，以实现战略清晰

以可口可乐 HBC 公司为例，这是一家位于瑞士、机构庞大的可口可乐瓶装饮料公司，它面临一个难题：公司内部各部门之间的信息缺乏透明度，这导致公司很难去评估相对业绩，也很难确定公司发展的最佳机遇。因此，该公司亟须建立一个体系完整、内容详尽且可统揽不同机构运行的数据

系统，我们将这样的数据系统称为"单一信息源"。该系统不仅可以将各类数据整合至一个统一的平台，更重要的是，它能够通过运用数字工具，更快速地提升公司领导者的洞察力。这样，在遇到诸如资本分配等问题时，领导者可以做出更明智的决定。

可口可乐 HBC 公司就是这样一个数据庞大、机构复杂的跨国公司。它的分公司横跨三大洲的 28 个国家，从爱尔兰到俄罗斯，向南到尼日利亚，可谓财富与希望同时爆棚增长。然而，公司的首席执行官佐兰·波格丹诺维奇先生与我一起进餐的时候，却忧心忡忡地提及他们团队可以使用的数据不尽如人意，因为这些数据不是集中整合的，导致数据的格式不匹配，标准也不统一。这些数据既不能以相同的方法去衡量不同市场中的相同事物，也无法为公司主管提供比较不同市场的、全面的、与时俱进的情况。更糟糕的是，数据是由不同部门分别收集生成，而一些主管领导出于嫉妒等原因不愿意共享数据，这就让公司的全盘数据更加不透明。

让人糟心的结果显而易见：肩负各自职责的主管，相互之间会持有不同甚至相悖的信息。因此，在面对公司决策优先计划的时候，他们很难产生统一的意见。数据应该是受到公司众人保护的、让大家更有凝聚力的武器，而不应当成为各执一词、众口难调的信息来源。

还有一个问题在于：公司的领导者，甚至包括首席执行官，并不完全相信他们拿到的数据，这让下面这些公司决策性的问题产生了不必要的争论与分歧：哪个地区应该增加新投资？哪些地区应该撤回资金？应该在哪个时间点、哪个地点推出新产品？哪类顾客会提供最佳增长机会？若没有统一的数据来源为参考，领导层就无法回答以上这些关键的战略问题，继而严重影响公司的领导者及时把握最佳的发展机遇与价值增长的时机。

佐兰解释道，虽然公司的区域市场份额很稳定，但他还是注意到公司利润的缓慢增长，这会影响公司未来的发展潜力。由于缺乏协调有序、端到端的策略，公司在面对每天收集的大量的有效顾客信息的时候，缺乏有效的提取与整合，而这正是帮助公司无缝衔接整个顾客端、供应商端、职员端以及利润端的关键环节。

这样的问题很常见，很有可能现在的你正面临着这样的麻烦，或者曾经解决过这个问题。我们需要意识到的是：解决方法其实没有想象中的那么棘手、昂贵或者具有颠覆性。

佐兰与他的团队成员需要采取基本步骤来搭建他们的数字化企业。首先，他们需要部署数字化工具，将公司的庞大数据流转化成"单一信息源"，通过算法和人工智能的运用，从公司内部不同部门、不同地区搜集来的数据可以被统一消化、协调和分析。在公司中央信息平台，或者仪表盘上，人们就会看到数据以及数据分析情况，而这些被可视化工具处理过的信息也更容易被人们掌握。

只要有了授权，公司会有更多的行政人员看到这些数据，无论他们身处公司的哪个层级，也无论他们在哪个国家，只要被授予了密匙，就可以随时查阅这些信息。

我们邀请到经验丰富的印度人工智能数据分析服务初创公司 Fractal 分析公司来搭建数字化系统，该公司曾与维萨、飞利浦、宝洁以及美国富国银行等进行过合作。Fractal 分析公司计划首先开发一个模拟现实的系统操作程序，该程序涉及公司所有的终端使用者。这样的虚拟系统可以更精确地查找日后出现的数字化问题，也可以更对症地满足新平台的需求。

通过使用虚拟平台，Fractal 分析公司整合了所有出现的或者潜在的问题，并初步掌握公司的所有数据信息，比如数据的走势、融汇以及如何将数据转化为对决策有帮助意义的信息。有了这些，Fractal 分析公司迅速搭建起一个数据平台，用来收集、处理、整合来自不同部分、不同分公司传回的数据，实现了数据的统一与无缝集成。

有了这个新平台，公司领导者可以更快速地获取所需数据，这不仅加速了决策流程，也有利于他们判断公司整体的优先发展任务。先进的数据分析可以被运用到整个价值链中，这也改变了领导者的思维模式，使他们更加数据化且更善于合作。不仅如此，在执行担保、锁定平台运行权与所有权的带头人方面，Fractal 分析公司也提供了不少帮助。那么，这个平台的雏形一共需要多少天出炉呢？仅仅 10 周！

2.2 改善需求预测

对印度的一家生产杀虫剂、杀菌剂和常用农药的农业企业来说，它依赖传统模式的销售团队与区域经理提供产品的需求预测，并根据此需求来计划生产。然而，影响农业的变数远不止于此，有时候天气、消费者喜好，甚至政府政策都会随时变化。长期的错误预测严重打击了企业领导者的自信心，以至于企业生产计划被打乱，并造成代价高昂的后果。

由预测错误造成的生产计划偏差高达 50%。如果预测值过低，企业会因为产量不够而错失销售机遇。事实证明，该企业确实损失了大约 20% 的产品。反过来，如果预测值过高，那会遭受巨大损失，浪费大约 80% 的产品。不准确的数据整合与分析甚至会影响供应商和消费者。解决方法就是多途径地搜集信息、追踪信息，并通过人工智能与算法的关联与评估来辨识发展模式，做出精准的预测。

阿尔特米特里克公司拥有一整套可以涵盖印度所有区域的数字农业数据收集系统。该系统掌握大量的检测信息，比如作物种植模式、作物病虫害、消费模式、降雨量、政府农业政策等。这个新平台将所有数据完美地汇集在一起，并对数据进行实时的分析与比较、确认历史模式和关联性，并使用预测性分析生成关键指标。以上就是该公司的"单一信息源"的基础。

通过人工智能和机器学习得出的数据整合与分析结果，既可以拓展我们的视野，还能够提升数据驱动的准确性。由此，我们不仅可以得到更可靠的需求预测，还可以更深入地了解公司的发展趋势和客户的需求。这种数据驱动的方法大大提高了原有的生产效率，进而让产品价格也更具竞争性。

数字化系统会减少80%左右的预测误差。在6周内，我们就完成了15种产品的数字化搭建。

2.3　12周：电子商务的重大飞跃

对大多数零售企业来说，电子商务早已不是发展的一个选项，而是必然趋势。前有亚马逊等零售商的开创性成就，后有受到新冠肺炎疫情封锁的影响，这些变量不仅从根本上改变了消费者的期望，更提醒着零售商，应当有"与时俱进"的变化，才能维持消费者的忠诚度与品牌的进一步发展。

计划转型的企业都希望在几周之内完成以下功能的构建：复杂的线上订购系统、实时数据更新、密集库存管理以及快速便捷的上门配送服务等，而且这些功能必须做到无缝衔接，才能保证企业的正常运转。数字化推手艾根（Egen），拥有一套构建企业数字化的可复制的、端到端的流程系统，其中还包含了订单与派送过程。

艾根的电子商务系统只需 12 周左右的时间，就可以投放使用。新系统需包含以下 4 个流程：创建数字产品订单并实时回复上架商品信息、库存管理以及配送时间表等。除此之外，新系统还可以更游刃有余地服务于顾客、供应商、仓库、物流、付款方式、欺诈监测以及配送团队等多个数字系统。

艾根的电子商务系统其实建立在算法与机器学习的能力之上，这就有利于及时监控市场变化和顾客的购物趋势、为零售商提供更精准的库存预测，还可以向顾客提供有价值的产品推介和产品理念。以往，这些服务需要花费几天或者几周的时间，而现在，仅需几分钟即可完成。

那么利润呢？通常情况下，我们会看到利润增长 15% 到 20%。随着多余流程被删减，企业的运营成本大约会降低 30%。

你会选择从哪儿开启数字化之旅呢？

第3章
数字化企业的领导力

如果既希望保留传统业务，又开启数字化转型，那么企业的领导者就不能简单地坐等软件工程师使用他们的精密算法来创造出一个"开关"按键。选择数字化转型并创建单一信息源，这会极大改变企业结构、企业文化、企业优先战略、决策速度与发展机遇。换言之，数字化会彻底改变企业愿景与领导力。

虽然企业数字化依赖科技，但其转型更在于人。"数字化转型"确实是当下的一个热门词。但我们想解释的是，真正的业绩和利润源于企业领导者和领导团队成员对数字化系统的熟练掌握，以及他们思维方式的真正转变。

2021年中期，《首席执行官》（Chief Executive）杂志和亚马逊网络服务联手开展调查，希望了解首席执行官在建立企业数字化过程中的表现。然而，首席执行官对企业数字化的态度大相径庭。对个人在企业数字化过程中的参与度，一部分首席执行官表示："企业数字化是至关重要的，大家竭尽全力完成企业的数字化转型。"但有接近一半的首席执行官认为自己只是"挂个名字"而已，也有一部分首席执行官承认，自己对企业数字化"一点也不感冒"。

那么，阻碍转型的原因有哪些？这主要跟领导力相关：大约38%的首席执行官认为他们没有引入正确的人才，24%的首席执行官认为他们选择了错误的数字化优先任务，还有21%的执行官表示是自家企业文化不利于数字化发展。

看到这儿，你也不必感到惊讶，自古改革皆非易事。这也凸显出企业数字化过程中一个至关重要的环节：一定要在数字化初始阶段配备正确的人员。正确的领导力团队，才能推动企业数字化转型初期流程顺利地进行，倘若这第一步就走错了，那后面就很难挽回。我们始终认为，人才是公司成败的决定性因素。拉姆反复叮嘱企业高管："人才优于企业战略。"这跟"先人才化，后数字化"有着异曲同工之妙。

这里需要提醒一下那些计划进行企业数字化的领导者，在寻求数字化推手帮助搭建数字化平台、挖掘单一信息源并开启企业数字化过程之前，一定要仔细检查自身企业的领导力。领导力团队需包含顶级行政人才、技术人才和业务专家等。这个团队必须全力合作，完成以下任务：制定优先任务、尝试数字化过程的第一步、为推手提供发展方向并确保数字化过程贯穿企业的日常运行。此处需牢记：数字化并不仅仅意味着企业的一次"技术升级"，这其实是一个全新的数字企业的开端。

我们需要根据企业数字化的发展方向和发展机遇来定制企业招贤纳士的计划。只有领导力与人才完美结合，才能帮助企业在日后发展过程中精准地找到突破口、打破旧有的局限、实现新领域的发展、展望更长足的未来。

虽然我们的目的是希望企业内部更多的员工参与到数字化过程中，但关键的愿景和指导必须由一个全身心投入的小团队来完成，因为这个团队了解其中的利害关系，且有能力担负起推动公司更快地向前发展、带领整个企业更快融入转型过程的责任。下面将介绍由谁来执行企业数字化过程以及他们为即将到来的挑战做了哪些准备。

3.1　公司最高层的领导力

众所周知，公司领导者每天都忙得团团转，时间紧凑得很。拉贾本人就是数字化推手阿尔特米特里克公司的执行主席。拉姆则全年无休，与世界各地的首席执行官和高管会面。我们可以明确地告诉高管：大多数情况下，首席执行官自身需要带头参与企业的数字化改革。当然了，这项任务有时可以成功下放，但也应由另一位对业务有深入了解并且含"首席"头衔的领导来负责这项任务。很显然，首席执行官不仅需要监控公司发展，更应当积极融入发展过程中。

可能首席执行官并不是公司唯一的政策制定者，但他对数字化过程的参与和支持极为重要：首先，首席执行官比任何人都更清楚企业的优先发展战略，他有权调整资源分配；更重要的是，他有能力清除公司数字化发展道路上的任何阻碍。另外，首席执行官亲自参与数字化过程，这就向外界释放了一个明确的信号：数字化转型目前是企业的重中之重，每个人都应紧随其后，参与数字化过程。

星展集团（DBS Group）总部位于新加坡，按资产总值计算，是东南亚最大的银行。它的首席执行官皮尤什·古普塔（Piyush Gupta）自 2009 年任职以来，成功地将这家传统的银行逐步打造为一个拥有高性能数字平台并可与新兴金融机构抗衡的金融科技公司。《欧洲货币》（*Euromoney*）月刊杂志曾两次将星展集团评为"全球最佳数字银行"，这意味着人们极为赏识星展集团的转型以及其对数字科技的利用。2019 年，《哈佛商业评论》（*Harvard Business Review*）认定星展集团是十几年来转型最成功的十家企业之一。

2021 年，《麻省理工学院斯隆管理评论》（*MIT Sloan Management Review*）中的一篇文章讲述了古普塔是如何在重塑星展集团过程中展现其领导力的。文章称："即便有可能遭遇短暂的危机，但古普塔凭借个人的雄心卓识，再加上拼劲，成功推动了银行的改革发展，这是一位公司高管力挽狂澜的最佳例证。"

我们不断追求数字化过程，坚持不懈地向前迈进每一小步，目的之一就是证明我们取得的每一个小小的成就，都可以在较短时间内收获具体的性能提升，这样不仅不会影响我们的传统盈利途径，反而会更有利于实现公司的新策略，提高整个公司的自信心，激励大家继续前进。

没有人会比首席执行官更了解公司的全局发展目标以及为了完成关键目标需要付出哪些努力。他也最清楚，为了实现这些目标并且创造更大价值，拓展新的收入来源、提高利润率、更低的成本、新产品研发以及更快的决策等因素都发挥着重要作用。

开启数字化转型一定会对部分员工的工作方式产生影响，毕竟这不是一个简单的技术更新过程，也不仅仅是一种效率措施。有的员工会对绩效的提升以及潜在的可能性欢欣雀跃，但也会有人对这些新工具以及未知的前景与新的工作方式感到恐慌。这个时候，首席执行官需要出面，不断地与员工沟通交流，帮助他们顺利度过企业转型期。

尽管我们总强调首席执行官要腾出时间亲自参与改革，但现实中，总会有这样或者那样的原因限制首席执行官参与改革的时间。这个时候，我们建议在公司内另寻一位职位相当的高管，代替首席执行官参与到这个过程中，毕竟这是一个企业改革过程，并非简单的技术升级。

另外，我们需要强调的是，上述这位"特使"应做到随时随地向首席执行官汇报情况，他们可以在同一楼层工作，这样更方便。不仅如此，这位"特使"还需要特别了解公司运转、具备卓越的商业头脑、熟稔公司内外业务并在公司内部树立较高的威望。或许他暂且不具备较高的数字科技知识（本章后面会详述这个问题），但会高度赏识科技工具的魅力。这位"特使"可以是首席执行官的接任者，也可以处于首席执行官之下的岗位，这样可以安排他全程参与这个数字化过程。

宝马集团首席执行官哈拉尔德·克鲁格（Harald Krueger）大力推崇企业数字化改革。他安排位于印度的能源公司的"二把手"负责该公司的数字化过程，因为公司的首席执行官正在全力应对公司的收购业务。当然，这位负责数字化的"二把手"需要全时投入并直接向首席执行官汇报进展。

突然将职员从原有岗位上调离一定会让他焦虑，他担心这样的调离会因此脱离了原有的领导结构。这时候，首席执行官就需要对他进行疏导，比如这个新岗位对公司未来发展是起着关键性作用的，这次调任不仅不会损害他的职业生涯，反而有助于其职业发展。

首席执行官至少每两周听取一次详细汇报，以确保全程参与数字化过程。频繁的交流不仅可以避免数字化进程陷入困境，也可以防止过程出现偏离。举一个例子，我曾经接触过的一家公司，在数字化初期，首席执行官与数字化推手合作，确定最先发展项目，这样就可以提高收集和分析客户数据的能力。接下来，首席执行官指派首席财务官监管该项目的完成。然而，不久之后，整个计划就完全偏离了原定方案：团队使用现有系统来分析现有数据。当首席执行官意识到该问题的时候，他立马决定由自己来负责该项目。

尽管数字化转型依赖科学技术的发展与运用，但这个转型过程绝不单单依靠人工智能或者算法。归根结底，这是一个再创新的过程，是通过结合可信的单一信息源与更具协作性的企业文化进而创造更大价值的革新过程。

虽然我们可以将数字化转型委托给首席信息官或者首席技术官来负责，但大多数情况下，这绝非明智之举，毕竟这个过程不等同于简单的互联网修复。企业数字化需要首席执行官与那些志同道合、经验丰富的员工密切合作，使用算法、软件以及数据分析等来完成这项工作。

3.2　对口的技术人才

成功的数字化转型依赖两大类人才：一是深谙企业业务

的专家；二是熟练运用软件、人工智能、机器学习以及算法的专家。他们需要通力合作，将这两大领域的专业知识结合起来。首席执行官或其他首席代理的高管则需要拥有清晰的商业头脑，在制订行动方案的时候，就要清楚地意识到：公司现有的 IT 团队或许不具备数字化发展的相关专业知识。

很多首席技术官与首席信息官都十分熟悉最新的数字与分析技术，很多人也熟练使用过 SAP 系统和 ERP 系统，但他们代表的还是旧有的思维模式，更喜欢运用这些已有的科技。

新的数字化技术需要人员具备新的视野与合作技能。对传统 IT 专家来说，虽然他们愿意去尝试，但要么没时间去学习，要么没法全盘领悟这些新技能。如果他们尚未及时熟练掌握机器学习或者算法，那就没办法参与数字化过程。我们碰到过好几次类似的情况，某公司委派一位 IT 高管来负责公司的数字化团队，但一段时间后不得不重新选用负责人，这浪费了大量的宝贵时间。

因此，最常见的解决办法就是雇用一位技术专家来专门负责数字化的搭建。这位专家不必再向现任 IT 高管汇报工作，因为在数字化团队中，他的地位仅次于首席执行官，因此，他只需向首席执行官汇报工作。但如果这种做法伤害到公司现有 IT 团队成员的感情，这个时候就需要首席执行官出面解决这个问题。

还有一个方法可以避免上述矛盾的发生：建立两支并行的 IT 团队。一支团队负责现有的技术系统运行与维护，这样不会影响运营中的业务活动；另一支团队则负责新的数字化技术。

早在 2012 年，星巴克就开启了这条"先进"的数字化之旅。当时，星巴克任命一位首席信息官与一位首席数字官合作开启有远见的"数字飞轮"策略，这大大提升了消费者体验，也让人工智能能更好地服务于消费者并成功预测消费需求。

在数字化道路上，人事配备会直接影响企业的未来，选拔过程反映出其较高的风险性。一位优秀的首席数据官会帮助团队更好地了解企业未来发展面临的问题与相应的解决方法。他还会对企业发展有较强的理解力，或者愿意去学习这方面的知识。如果首席数据官最开始不具备充足的企业知识，那我们可以观察他是否会通过与首席执行官或者企业其他高管的合作学习而变得强大。当然，你也可以在公司内部，从职位较低但表现优异的现有员工中选拔合适的人才来担任这份工作。

如果你不知道去哪里引进能够熟练运用人工智能和机器学习的人才，那就可以向合作的数字化推手寻求帮助。一定要对来企业应聘的人才认真提问，并时刻牢记：你需要招聘的技术专家，应当是一位思想深刻、能够在集体研讨中清楚地解读数字化科技用途的人才，这样才会有助于激发整个团队的创新思维能力。其实，激发创新思维能力也是我们数字化改革的目的之一。

3.3 壮大核心团队

企业的首席执行官和 IT 专家是整个数字化团队的核心。为了向所有员工传递正确的信息，营造一个良好的开端，我们需单独设立一间"企业转型办公室"或者"企业创新工作室"。但仅靠两个人，可撑不起一间办公室，我们还需要首席财务官或者首席运营官的帮助。与其天天比较谁的洞察力更深刻或者谁的商业直觉更敏锐，我们不如关注我们是否愿意去接受改变和天马行空的想象。

在数字时代，我们总听到一种老生常谈：所有企业最终都是会以消费者为导向的。尽管你的企业现在可能只是售卖零部件，但我们也建议去调查一下终端客户或者直接客户的需求与购买行为。多数科技的创新运用都需要顾客的直接参与，有了消费数据，才能重新预测日后的购买需求。

因此，团队中还需要包含一位了解客户需求的成员，比如市场部门的主管，或者其他有这方面经验的人员。资历并不重要。我们遇到过好几次这样的情况：一些特别棒的主意其实来源于基层的员工，因为他们每天的工作就是直接和客户打交道。只要能够有深刻的洞察力，擅于找到企业与价值链的痛点并能够站在客户角度去思考问题，这样的员工就应当被吸纳到团队中。

团队中也一定需要一位有经验的领队——他可以时刻以目标为导向，更关键的是，在需要敲定最后决策的时候，他有能力召集其他主管共同商讨相关决策。除了丰富的管理知识，他还需要在公司中具有一定的威望。

这个团队的构成和规模其实没有固定的格式，但根据我们的经验，往往四个人是比较理想的规模。这个团队人数更有利于成员之间畅所欲言、各抒己见，而对新冒出的想法，大家可以集思广益，贡献自己的观点。很多大企业的创始团队都只有三四位创新成员，他们在车库或者咖啡馆里的讨论助力了日后企业的腾飞。

3.4　学习至上

我们再一次强调团队的构成很重要，首席执行官无论是直接领导数字化转型，还是只是监管这个过程，他都必须带头参与学习过程——学习也是数字化过程中极为重要的方面。某种程度上，首席执行官也应该是首席数据官，他需要掌握人工智能和数据分析的知识，并能够与技术专家展开有效的交流，接受他们的指导并愿意将这些知识融入公司新的愿景中。简言之，学习过程可不能委托他人代为完成。

首席执行官和顶级团队的成员也必须去了解一个问题：算法和单一信息源是如何扩展人们的思维进而激发大家去挖掘各种可能性的，比如如何大幅度扩大市场价值等。使用人工智能以及算法去分析企业巨大的数据流，这会帮助我们建立客户行为的预测模型，并开发出非凡的新见解。

亚马逊新上任的首席执行官安迪·贾西（Andy Jassy），曾负责创建企业的亚马逊云科技 AWS 系统。虽然他不负责软件代码编写，但他一直在了解新兴的数字技术可以做什么，并学习如何将这些技术通过创意的方法运用到他预期的市场需求中。虽然我们最终希望公司会有更多员工掌握基本的技术知识，但对高层团队的培训还是至关重要的。

一些简单的算法可以成为许多成功的数字企业的核心，比如基本的匹配算法是优步、来福车以及 Match 婚恋网的基础。我们可以从十种左右的最基本算法开始学习。

学习的途径是多种多样的。比如，位于波士顿的一家公司，会安排其顶级团队到麻省理工学院进行专项计划学习。该公司开展的每月一次的高管学习项目，目的不是掌握新的编程语言，而是让公司的管理层接触到现有的工具和各种可能性。另一家公司则邀请附近一所大学的计算机科学教授为团队讲授算法，以及这些算法是如何将大量的数据转化为实用的见解的。

学习其他公司的做法有助于我们了解机器学习和人工智能是如何快速解决那些看似棘手的问题的。前一章的故事和本书的其他故事会有一定的启发性，不过，同样有启发性的活动还包括与那些创新地使用数字平台的公司高管的对话。数字化商业进程其实充满了不确定性，这让很多高管感到恐惧。但事实一次又一次地证明：如果公司高管有机会拜访其他团队并亲眼见证了对方是如何在很短时间内完成相关工作的，他们的焦虑自会消失。

随着阻力的消减与兴奋感的增强，你会遇到下一个问题：你会首先解决什么问题？那就让本书引导你继续探索这个过程吧。

第4章

先消除一个痛点

　　总部位于香港的利丰公司，是一家有 100 多年历史的老牌公司。作为管理复杂供应链的高手，多年来，利丰公司积累了较高的企业声誉，与东亚的著名制造企业以及一些知名的西方品牌建立了合作关系。与利丰合作的公司包括它最大的客户科尔士百货公司（Kohl's），运动品牌斯凯奇（Skechers）、欢腾服饰公司（Hang Ten）和肖恩·约翰服饰公司（Sean John）等。利丰公司的业务包含与这些品牌共同处理并完成生产订单，以及提供产品设计、材料采购、生产、物流、消费产品（主要是服装产品）的配送等端到端的服务。

　　但是，电子商务、不断变化的消费习惯和大幅缩短的生产周期对利丰公司的业务带来了极大的挑战。尽管利丰公司积累了几十年的经验并拥有全球化网络，但仍觉得适应这些变化会有些吃力，因为这些变化正在挤压现金流和收入。最终，利丰公司决定与专业的数字化推手阿尔特米特里克公司合作，请其解决企业的传统系统无法处理的问题。利丰公司原本过于复杂、互不兼容的订单管理系统根本无法处理现实的业务流程，这严重影响了现金流。

利丰公司面临的一个严峻挑战就是如何协调价值链的两端——一端是多个不同的合作品牌公司，它们各自使用不同的生产周期、设计和订购系统以及账户支付流程；而另一端则是供应商与生产工厂，它们采用自己独立的数据系统和更短的付款周期。由此可见，两个终端引起财务周期的错配，导致利丰公司无法及时回收客户端的现金流，进而无力支付给供应商和生产工厂。

公司启动了一项长期规划工作，但它首先需要深入探究一个问题：公司的日常订单处理与管理流程是否能够做到更顺畅、更有效地协调好两个不同终端的需求。只有突破了这个瓶颈，公司才能恢复通畅的现金流。

在与利丰公司的第一次会议上，阿尔特米特里克公司的工程师与客户经理进行了交谈，并迅速确定了一个具体的痛点，即问题和机遇。与利丰公司合作的每一家品牌公司都有自己独立的备货与发送订单系统，利丰公司不得不派专人逐个处理这些信息。由于缺乏标准化，每家公司系统内部可能在设计以及订购环节采用差异化、不兼容的信息格式。没有统一的系统来处理这些订单的输入、设计或者流程信息，利丰公司已经焦头烂额，更糟糕的是，这些品牌公司使用了不同的规格系统、软件和处理格式，甚至还有不同的纠错方法。

阿尔特米特里克公司意识到，这就是利丰公司应当首先解决的问题。首要的解决方案就是简化各种信息来源及其流程，创建一个强大的单一信息源。

阿尔特米特里克公司帮助利丰公司建立了一个新的数字业务系统，将一个通用的格式应用于整个订单输入与处理系统。该系统通过机器学习与人工智能流程来收集并整理传入的订单、规范所有信息并自动纠正一些明显的异常情况。这些数据会被传输到一个统一的门户网站，并被转换成单一信息源。所有人都可以在标准化的平台上查阅这些信息。控制了以往混乱、不规范的设计和订单流入，这帮助利丰公司将信息处理周期从几个星期缩短至几天，真是一项重要的改进！

此外，由于缩减了订单处理时间，利丰公司的员工可以腾出更多时间与客户商讨合作细节，并更快速地解决日常出现的问题，双方的合作也愈发顺利。随之而来的是，现金流也迅速得到改善。平台与单一信息源不仅降低了成本，提高了准确性，还缩短了周期。更重要的是，首席执行官现在可以了解不同客户的价值主张，并以此为依据做出更明智的决策。

值得一提的是，阿尔特米特里克公司在提出以上解决方案的时候，没有遇到任何阻力，因为它通过与利丰公司员工的紧密合作，最大限度了解了员工的心声，从而赢得了他们的支持。如何增强员工使用新科技的信心与动力？答案就是让他们感受到科技带来的便捷。

这段经历让我们想起一句话：千里之行，始于足下。不过我们需要对这句话稍加改动：数字化成功的关键不仅在于迈出正确的第一步，更要在此基础之上持之以恒、不断强化。在当今这个经济飞速发展的背景下，走好第一步至关重要。一个正确的开端可以迅速收获回报，而这些都可以向企业员工证明数字化转型的好处，并获得大家更多的支持。

我们过往的经验不仅可以证明这句话的力量，还可以反过来验证这句话——如果第一步选择不当，会产生什么样的后果，甚至有的企业试图略过该环节而采用"大爆炸"的方法来自创一个数字企业，企图一下子解决整个价值链的问题。开头出错的企业往往都会以失望而告终，因为它们通常会半途而废，放弃这项重要的投资，浪费大把宝贵的时间，到头来只能眼睁睁地看着竞争对手跃居前列。本来好好的一支潜力股现在成了挫败的代名词。

如何让企业走上一条实现飞速增长、快速创造价值的道路呢？那就需要你的数字化转型团队胜任以下工作：仔细评估企业价值链，确定痛点和瓶颈，尤其是那些挤压现金流的问题，接着便要着手实施正确的流程来释放企业业务和高管思维的自由度。

以上不是我们的猜测。我们稍后会展示一套以数据为驱动的分析方法。从根本上说，企业的数字化转型团队必须首先关注企业的运行，因为这部分相对而言是可以在短时间内改造成功的，这个"短时间"通常不需要几个月，大概几周就足够了。不管你选择从哪个方面最先转型，我们都需要确保所选择的项目可以解决一个与企业首要任务相关的关键问题，消除一个企业痛点。

这种方法带来的益处显而易见，又极具说服力，真是鼓励员工、展示发展机遇与团队领导力的绝佳时机。对团队来说，数字冲刺既是挑战，也是赋能。我们会从经历过的若干案例中列举出我们观察到的最佳操作，因为这些做法取得了让人印象深刻的结果。

4.1　锁定痛点

每家企业都有自己的价值链，那我们就从这个角度出发。价值链始于企业的供应商，通过一系列设计、生产和销售流程，然后经过运输和分配，最后到客户或终端用户的流程。企业从一个细化的、端到端的价值链出发，就可以更加明确公司的投入与产出。

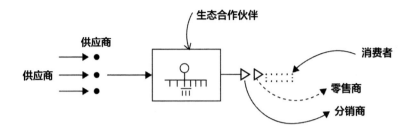

接下来我们关注的是整个产业链的主要盈利指标，这对团队的集思广益和未来规划都有一定帮助。我们发现，盈利指标可以让整体业务更加清晰、更具可视化。这有助于员工一起努力发掘机遇，并找到痛点：哪里可能存在现金流失、冗余、复杂或者浪费等情况。这些都是数字平台可以极大提高效率、收获成果的领域。

值得注意的是：团队中的大多数成员通常是从自己的业务视角来审视这个链条的。制作图表的目的之一就是帮助他们摆脱狭隘的视角。团队领导者需要将价值链的完整流程灌输给所有成员，让他们理解从开端到终端用户，甚至包含消费者体验的整套流程。

一旦决定收集并分享这个工具，你就应当召集团队成员确定价值链中各环节的痛点，即瓶颈或者失调的流程等问题，然后将它们与现金流和价值创造联系起来。比如，销售环节挤压了特别多的库存，这是一个很常见、与企业的现金流直接关联的痛点。另一个常见的痛点则是呼叫中心的人员流动过于频繁。员工压力过大，可能无法及时处理一些有价值的客户的信息，这有可能导致客户的忠诚度下降、大量客户流失、市场份额减少或者收入降低等。

例如，在一家制药公司，有人可能会提出："看看，我们在药物实验过程中，会遇到很多病人半路退出。"我们针对这一问题开展讨论，并强调其带来的影响。病人过高的退出率会延长药物从研发到市场推广的时间，导致费用不断攀升，无法按照计划时间获取收入。与之相反，若可以缩短药物研发时间，迅速将其商业化，那就可以快速获得10亿美元的收入。我们应当重视这个痛点，并强调解决该痛点会获得哪些明显的好处。

对大多数企业而言，最紧迫的痛点其实与现金不足和现金陷阱有关。这时候就需要分析企业的价值链，清楚地找到现金流可能被卡在哪个过程中。另外，你需要弄清楚究竟是运营中的哪个环节导致了现金的短缺。有的时候，不稳定的商品交付时间会引发上述问题。

如果应收账款出现膨胀进而导致现金流的停滞，那就花时间去研究出现问题的原因。为什么客户付款拖拉？或许是因为你的交货拖延或者不靠谱。以亚马逊公司为例，大约十年前，该公司就面临"最后一公里"的交货问题。为此，亚马逊公司不得不做出改进，进而消除了这一特殊的痛点。许多公司依旧被类似问题困扰，因此需要一定的帮助来加速现金流的流转。

以印度的一家大型建筑公司 Larsen&Toubro 为例，它建造了许多大型基础设施项目，比如发电站和一些机构建筑。每年，它在各地需采购约 60 亿美元的物资，这对物流来说，是一个重大的挑战。几年前，公司新上任的首席执行官决定搭建一个数字平台和单一信息源，因为他发现公司庞大的供应链太分散、太昂贵，而且交货时间存在巨大变数，这导致大量现金被困在流程与库存中。另外，公司存在一定的偷窃问题。

公司不仅聘请了一位新高管来监督这些系统，还邀请一批数字化推手与收据分析专家加入其中。纵观五年来的供应链数据，他们发现公司面临以下挑战：一是定价方面，即便是相同的供应商，定价也有很大差异；二是巨大的间接成本，比如低效的操作提供的能源成本以及不均衡的配送流程等。通过与数字化推手的合作，公司搭建单一信息源，实现了供应链上所有信息的标准化、集中化，并能够进行高效地信息分析。有了这个全新的数字业务平台，该公司每年在供应链运营方面就可以节省大约 6 亿美元的费用，不仅可靠性更高，而且合作的供应商的数量也减少了很多。

4.2　项目全局化

在以下领域，你可能会列出一串长长的痛点清单：现金流、供应商、应收账款和顾客满意度。你需要让自己的数字化团队将这份清单转化为一组实际的、规模相对较小的待实施候选计划。比如，一家零售商可能会探究是什么原因影响了其收入的增长，并通过数字化平台和单一信息源的帮助，收集并分析有用数据并实现瓶颈的突破。数据和数据分析的访问是否在公司内部广泛分享？是否有能力来做动态定价？是否需要缩短新产品创新周期？更好的准时交货系统是否有用？这些都是我们应当思考的问题。

在讨论过程中，我们可能会发现：上述这些痛点之中，有的来源于一些相似的根本原因，如果管理得足够仔细，完成一项目标可能会带来很多好处。通过项目化的管理办法，你可以运用这些管理技术，将重心放在定义可交付产品，为每个"小步骤"制定一个时间框架，建立绩效目标，并设定明确的计划，这样就可以在进行过程中监测并检验这些计划。这样也更有助于保障项目进度。

理想情况下，如果我们目标明确，这一个个小规模的项目可以在 10 周或更短时间内获得一个完整的结果。这就是为什么给数字化转型团队招募一位技术专家是一件极为重要的事情。他可以帮助我们判断每个"小步骤"或出现的问题是否足够"小"，"小"到能够预测是否近期会有转型的成就。这位技术型团队成员可能之前没有参加过具体的数字化转型项目，但应具备相当的经验和专业知识来做粗略评估，这些可以来源于他从其他研究公司学到的知识。

为了确保第一个项目可以在规定时间内完成，我们要考虑以下问题：是否能够在10周的框架时间内取得进展，以及是否能够在公司内部产生认同感并生成可被衡量的结果。因此，我们应当确保最先开展的项目是可以在规定时间内完成。公司稍后聘请的数字化推手将帮助公司验证并进一步细化具体内容。其实，能够花费一些时间去研究其他公司的数字化流程，这将提升我们的信心，因为我们从这个过程中会学到很多。

比如，一家能源替代公司的首席执行官意识到企业数字化可以提高风能与太阳能的效率，因此，他邀请到了一些来自咨询公司和附近大学的有经验的数字技术专家，针对如何利用这些技术展开学习研讨。接着，他联系了几家非竞争伙伴公司，并带自己的管理团队去参观。这些公司都很愿意接待他的团队，有的甚至安排了半天的参观时间，这样，它们就可以充分展示并讲述它们的平台和成果。

当我们审视我们的价值链时，可能会发现下面这些问题是我们最大的痛点：

- 过多的库存，这会占用现金。所以，我们需要更好地平衡供给和需求，释放现金；

- 低效的内部流程与管控，这会增加成本。所以，我们要通过简化流程来降低成本、提高利润率；

- 静态的定价模式，这会损害竞争力，可以开发动态定价模式，这样可以提高销售和市场份额占有率；

- 客户忠诚度低，这会增加成本并减少收入。因此，更好地利用数据、反馈和分析，可以提高客户满意度并增加循环收益。

4.3　深入企业组织，精准找到痛点

如果你特别想要获得数字化转型的文化认同和其产生的积极社会能量，这里提供另一种方法来识别一个好项目并获得支持。曾与我们合作过的一家公司，组织了大约 50 人的团队，并将这些成员分为若干个小组，每个小组都有 4 周的时间来为公司确定一个规模大小合适的项目。另一家名为 Indorama 的公司也采用了类似的方式，将员工分为 8 个小组，展开为期 4 周的评估活动。像以上两个公司这样，让更多人参与这个过程，才有可能邀请到更多人加入其中。

这个方法还有另一个明显的优势：公司里级别较低的员

工也都有机会参与其中，这些员工与供应商或生态系统合作伙伴的日常互动更多，或者他们是从事客户服务或客服中心的工作。基于这些员工的日常工作经验积累，他们有可能发现那些被高层次运作人才忽略的痛点。不过，正是这些人，肩负着实施所有数字解决方案并努力取得成功的重大责任。所以我们认为，让他们参与上述活动才是至关重要的。他们应该尽早加入进来，这样有助于克服心理上可能会有的恐惧感或疑惑感。

我们还遇到很多这样的情况：公司的高管对数字化改革的过程表现得更为焦虑，而他们手下的员工反而因为数字化转型变得不那么沮丧了。究其原因，公司高管过度依赖他们现有的系统，因为他们认为目前的成绩来源于这个系统，而做出任何改动都有可能影响公司的运行与绩效；可手下的员工由于每日奋战在"前线"，他们更迫切地希望进行数字化改革，因为单一信息源会减少他们工作中的挫败感。

一线的员工往往在想："我们还在等什么？"他们认为数字科技是可以将他们从繁重的工作中解放出来的。这种情形下，这些员工就是公司内部数字化改革的倡导者，他们也会不断提醒你，哪些旧有的方法是行不通、需要被取代的。他们都是公司潜在的数字"大使"，会尽全力宣传数字化改革，说服那些持怀疑态度的员工转变为改革的支持者。

4.4 优先计划，优先计划，优先计划！

在拿到一系列小规模项目的清单后，转型团队必须马上对这些项目进行优先排序。哪个项目是最有希望、最紧迫的，你和你的团队必须对这个问题保持一致态度，这些决定需要考虑到每个项目的完成时长，只有每个环节都紧密衔接，才能产生可衡量的结果，这个结果或多或少都会与企业盈利有联系。一个见效快的经济回报会是整个团队乃至整个公司的强心剂。如果一个项目能在 10 周甚至更短的时间内开始赚取回报，那么公司就不用再费尽心思去做商业案例了。

但是，选择的小规模项目不应仅产生快速回报，它还应当为公司最重要的战略优先计划带来显著的影响。无论是收入、成本、现金流、客户满意度、品牌知名度还是人才，首席执行官肯定知道哪些因素才是公司成功的关键。人们极为重视市场容量，而稳定的收入增长搭配上较低的成本，才能从根本上提升市值与价值。所以，一个关键问题就在于价值链的"咬合"需要支撑这些战略目标，这会让公司的战略更高效地创造价值。

这些最先进行的项目，不仅可以帮助公司确定优先计划和可交付成果，还能够更有效地对其进行排序。我们需要转型团队与公司领导层的深入合作、积极研讨，才能去平衡那些技术上的可行项目与推动战略发展的项目之间的关系。

4.5　不确定正确与否？别犹豫，重新来！

　　或许你的企业已经开始了数字化过程。这个过程以"尚未开始"为起点，以"完全数字化"为终点，在这个区间内，首先要找准你目前的位置，接下来需要确认能从数字化过程中收获多少回报。这个方法可以帮助你检测企业的数字化进度，并确认企业的优先计划制订得是否得当。

　　经常会有企业的领导者在这个阶段停下脚步，因为他们需要重新考虑企业在数字化的开局阶段是否走对了方向。一旦有证据证明，目前的选择并非最佳方案，那他们往往会推翻目前的计划，重新开始。需要牢记的是：领导者的高效率标志在于，无论如何，他们都要按照计划前进，并且愿意不断检测该计划，评估其效果，并随时纠正错误。

　　事实上，重新开始并无不妥。如果正在进行的数字化过程与企业的战略目标不匹配，或者在合理时间内无法收获可衡量的结果，我们最好暂停下来，仔细思考这条数字化道路是否正确。我们从研究中得知，大约有 90% 的转型计划要么踟蹰不前，要么被放弃。这些困难不仅浪费了我们的时间，还会打击领导层与员工的积极性，进而导致企业逐渐失去了竞争优势。所以，审时度势地调整计划是一项明智的举措，我们不能彻底放弃数字化改革的念头。

如果可以的话，我们建议你尝试一下本章概述的指导意见，这样有助于确认你的启动项目的规模大小是否合适，是否能够在短时间内完成。另外，你需要检查企业优先任务的制定是否得当。仔细评估数字化过程以便确认企业的痛点，然后根据企业的战略优先计划来检测你的选择。

如果有必要的话，最好能够填补沉没成本并重新定义企业的发展道路，就把投入的这笔资金看作企业转型的代价。

一家曾与我们合作过的大型零售商就做到了。该企业对简化供应链项目投入了大量资金。在其决定暂停进程、进行评估的时候，该企业发现它被困在原地，缺乏实际的进展，这意味着企业效率会持续低下甚至会产生更糟糕的结果。虽非所愿，企业的首席执行官决定暂停目前的数字化进程。他指出，企业面临的一个问题是如何解决痛点问题。另一个问题则是当时与企业合作的数字化推手无法提供一个简单的解决方案。所以，这位首席执行官决定，最好的行动方案就是重新开始。

任何关于转型期的重新思考和重新启动的决定，都应当成为企业内部的关注焦点。同时，企业应当注重从外部去协调数字化推手的活动，并且要及时了解市场。另外请牢记：数字化合作伙伴应当是企业的关键合作者，他们可以通过复杂的方式，将正确的数据在恰当的时机传递给正确的人，并且通过构建分析能力，将数据转化为可重复使用的资产。这就是企业的北极星。放心地追随它吧！

　　这就是为什么我们接下来需要为企业选择合适的数字化推手并建立良好的工作关系。

第 5 章
数字化推手！

企业现在处于数字化转型的风口浪尖。你已经选好了转型团队，对他们进行授权、阐明优先计划，并且商定首先要解决的痛点。你的领导层团队也已经加入转型团队中，并同步化所有信息。

现在，企业准备加速前进了。数字化推手不仅是企业不可缺少的战略伙伴，它们还是企业创新与合作的催化剂。我们就应该以这种方式开启企业的数字化之旅。

5.1 寻找数字化推手

目前，数字化推手已经发展成为一个完整的产业，它们拥有一套完备的系统，包括软件工程专业知识、开发和部署算法技能、人工智能改进技能以及丰富的重组综合数字平台的经验。这个综合数字平台将彻底颠覆你的商业机遇、价值创造以及行政决策。这些从业人员可以评估企业及其需求，准备一些小规模的任务和顺序，建立整套承包系统，还能教会员工如何从他们自身的优势中获益。不过，这一切的一切，该从哪儿开始呢？

首先，建立候选者名单。黄页广告里没有直接标注谁是"数字化推手"，这就需要我们认真观察。公司往往对自己的定位都不一样，有时候它们在 IT 领域很出名，但在这个范围之外属于"小透明"。不过，付出一点点努力就会获得回报，赶快行动。

- 去公司的 IT 部问一问，就是很好的开端。
- 合作过的商业顾问可能会给你有用的建议。
- 看看你的竞争对手是否正在与数字化推手合作。
- 去搜索引擎上输入"提供数字化转型解决方案的公司"。
- 仔细查阅这些公司是如何解释它们的运转方式并收获了哪些成就的。

请牢记一个关键问题：并不是要将转型工作外包出去！你雇用的数字化推手是企业的伙伴和战略合作者，它们会在很长时间内担任企业的发展向导并提供业务解决方案。数字化推手并不是那种按照清单需求在一段时间后交给你一个最终数据包的软件编码专家。你要寻找的是一种更深层次的共存性，共存的焦点问题就是企业的业务、需求以及富有成效的对话。

拉贾负责运营的阿尔特米特里克公司就是这样一个成熟的数字化推手。我们与很多知名公司合作过，比如 UST Global、Fractal 分析公司与艾根，这些公司为来自不同领域的不同类型的公司完成过许多小规模的数字项目。

许多设有 IT 部门的企业认为它们自己就有能力推动数字化转型，但根据我们的经验，这样的数字化转型往往欠缺更完备的算法、数据分析以及人工智能应用等专业知识，也没有能力将这些力量无缝融合到对用户友好的平台上。即使是一个极为优秀的 IT 部门往往也没有能力对这个端到端的流程做到驾轻就熟。一个优秀的数字化推手不仅拥有局外人的独特视角和洞察力，更重要的是，它还有着与其他公司合作的经验以及在反复的实践中积累起来的实用策略。

你的目标是为企业和企业的盈利能力打基础，这不仅仅是为了提升技术。让这句话成为你的领导团队的口头禅吧！

有些公司，尤其是一些大公司，经常会被一些所谓的大爆炸项目所吸引。这些项目吹嘘会一次性解决整个价值链、端到端等问题。很多公司会将这些大型项目移交给规模较大的咨询公司，比如埃森哲或者麦肯锡来完成。诚然，这些大公司拥有很多专家，自然信誉度极高。不过，影响以上决策的主要因素之一来源于公司的首席执行官。首席执行官自己想发挥多么积极的作用以及他希望他的领导团队发挥多大作用，这都会影响公司决策。

不过根据我们的经验，上述做法存在一定风险性。首先是时间。从项目的启动到结束，一个大爆炸的方法可能需要长达两年的时间。鉴于目前我们的知识经济在不断飞速发展，还没等到项目结束，公司使用的技术和软件就已经过时，或者公司直接被市场淘汰。此外，有一些大型咨询公司也会将部分工作分包给具有专业特长的小型数字化推手。那为什么还要通过一个"中间人"来开展数字化业务呢？

另外一个风险在于，如果项目是在一种没有持续的、直接合作的状况下开展的，你或许不会知道新平台是否能够响应公司的战略重点。如果问题发现得太晚，那就来不及调整目标了。

最后，这种建立数字业务的方法是否能真正促进发展并带来收益，我们并不确定，这个等待的过程也会很漫长。

这就是我们为什么要尝试解开数字业务流程图的神秘面纱，这样大家就会清楚一个小规模的、循序渐进的项目可以在数周或者数月内快速提高绩效——你不需要几年的等待时间，就可以通过数字化推手的合作与长期技术支持，成功平衡企业面临的社会变化与企业内部的结构变化，也会收获企业的长足发展与团队的认同。更为重要的是，这个过程的成本比其他方法都低得多。我们提供的新模型不仅解决企业的业务问题，还为新的增长轨迹提供了新的范例。你会拥有许多可能性。

5.2 选择数字化推手

当你看到最终的入围名单只剩下一位数字化推手的时候，你的内心可能会感到一丝不安：向他提问什么样的问题才是正确的？如何以一个统一的标准来考核数字化推手？这样的话，你可以考虑用下面这个办法来缓解焦虑：设计一个结构化的面试过程，这样对团队中的每位成员来说，都是一致且透明的。

在面试及评估过程中，可以使用一个常规模板，这将确保针对每位候选者的问题都是正确的，并且在比较每位候选者的答案的时候，可以做到更精准、更有针对性。通常情况下，面试都会需要一到两个小时，所以你必须集中精力。

可以参考以下标准：

- 查看对方的财务能力是否能够保证它们在不受其他干扰的情况下完成你委托的任务。

- 多问问对方关于技术能力以及对不同类型的工具、软件及平台的熟练使用程度等问题。

- 比起讨论技术规格问题，对方是否能够清晰抓住公司的痛点问题并详述解决方案？它们之前在类似行业工作过吗？

- 即使现在的数据来自不同源头，对方是否谈及搭建一个用户友好、功能可视的数字平台、仪表盘、单一信息源或者数据标准化等问题？

- 对方是否谈到简化和精简数据流程，并应用人工智能与算法来提供可操作的意见，以便成为可重复使用的资产？

- 对方是否善于倾听？是否能够迅速了解你面临的挑战？你是否感觉对方与你可以建立强烈的情感联结，从而加强彼此之间的合作？

- 对方是否能成为战略伙伴，与公司的人才紧密合作，并帮助它们在公司内部形成一种业务人员和技术团队之间的合作文化？

- 对方是否会像合作伙伴那样与你交谈，并邀请你加入整个过程？对方认为这是一项持续性地协助公司发展的项目，还是一个一次性项目？

- 价格也是个重要问题。对方如何收取费用？有的商户会采用一种订阅式的、云端式的模式，这样的前期费用要小得多，而且后续可以根据需要来更新软件。这些按月支付的方式虽然延长了付款时间，但能维系双方的关系。

不过请再次牢记：不能过度指望你的数字化推手为企业从头创建所有软件。一般来讲，数字化推手使用的一些软件都是现成的，并非特殊定制的。大概80%~90%的现成软件都可以直接拿来使用。这并不算什么缺点，反而应该算是一种优势。

比如，在2020年初新冠肺炎疫情暴发的时候，一家零售商亟须搭建起自己的电子商务网站。当时它的合作伙伴UST Global通过一些现成的软件帮助它迅速搭建起一个新的平台。这个针对公司特别定制的新平台维系着公司系统和供应链的正常运行，为这家服装零售商及其顾客提供了特殊的新机会。

还有一件事需要牢记：很多企业会因为多次尝试，让它们刚开始的起步看起来很成功。这时候，你需要抛开表面的光鲜，静下心来研究一下是否真的了解了企业的痛点与战略业务，以及数字化推手是否在过去的工作中解决了这些问题，它们是否认同科技只是在改善业务成功的道路上起到了促进的作用。

可以听听这些实际操作者是如何描述它们的方法的。它们是解决方案的提供者还是合作者？它们是否会提供一些客户的实际案例或者让你参考这些客户的经验？它们认为自己只是具体技术项目的生产者还是长期持续的合作伙伴？它们是否强调过其解决方案的复杂性或者简单性？

根据我们的经验，工程师写出来的代码越多，出现的问题可能也会越多。去寻找一位关注成果的推手，这意味着它更专注于为企业提供更好的结果，而非专攻技术难题。它可以用简单的语言来描述解决方案的简洁性与有效性，这样你的业务团队会更清晰、更高效地适应这个新方案。

我们曾在第2章提到过位于瑞士的可口可乐瓶装商——可口可乐HBC公司，它的首席执行官在几年向我（拉姆）咨询了一些问题：公司里有几位管理数据的领导者在市场和产品性能方面遇到了难题。可口可乐HBC公司的业务范围涉及28个国家，从爱尔兰到俄罗斯，再往南到尼日利亚。能够将可靠信息进行标准化格式处理，这对公司的预算制定、新产品引荐、扩张或者回撤业务都产生了至关重要的影响。然而，时任首席执行官佐兰却对公司的信息系统感到沮丧，因为这些信息相互"隔离"，而且在某些情况下，还受到具有地盘意识的高管的"保护"。这让人怀疑数据的可信度，还极易导致高级管理人员之间剑拔弩张的气氛。

当时，我对佐兰及其团队提出一个建议：建立单一信息源以及一个透明的数字系统，这样可以通过这个平台来收集并标准化处理所有数据，然后通过应用算法和人工智能来激发易于操作的设计、市场预测、其他可重复使用的资产，并对优先发展事项与倡议达成一致共识。

经过与公司首席技术官的讨论，我迅速行动，研究了我熟悉的数字化推手公司，最终锁定两位候选者，其中一位是与我合作过的软件公司 UST Global，另一位则是与美国大型可口可乐瓶装商合作过的 Fractal 分析公司。

我们邀请每一家公司按照严格的格式为我们做一次展示。我们提供一套详细的要求和说明，包括发展目标、创建单一信息源、检测性能的仪表盘等。公司根据这些要求，为我们描述它们会设计出来的平台。

每家公司的发言时间被严格控制在 40 分钟以内，接下来会是长达 1 小时 20 分钟的讨论。所有会议都在同一天于可口可乐的苏黎世办公室举行。每个团队最多包含 3 位成员，不过可以根据不同需求与其他相关人员进行视频连线。

展示进行得很顺利。Fractal 分析公司的团队分析了其对瓶装产业的深刻见解。轮到 UST Global 公司的团队进行展示的时候，出现了一个意外。他们研究并讨论了一些可口可乐公司使用的 SAP 企业资源计划软件及其新数据平台的兼容性问题。对此，他们认为，可能还需要一些额外的努力，才能确保系统顺畅地操作以及最佳数据分析的产出。

我们针对每家公司的展示，创建了挂图式的总结，以便于进行可视化的比较。当天晚些时候，我们做出了最终决定：由 Fractal 分析公司负责整体运行工作，由 UST Global 公司负责兼容性问题。

对候选者竞争，我们始终保持一种开放的心态。从中，我们也学到了新知识。其实，这就是应该采取的正确方法。

5.3　构建伙伴关系

一旦确定了数字化推手，就需要考虑以下因素来界定成功的标准。

首先，你需要确认一下数字化推手是否可以帮助公司精准地找到问题的根本原因，以及后续如何解决这些问题。

通常情况下，这些初步的讨论将有助于搭建单一信息源，并提供一个涵盖数据与价值链机制信息的可视化的仪表盘。我们应当了解这些工具是如何支持决策制定并提高制定速度的。

以一家欧洲的豪华糖果制造商为例。它的糖果很好吃，但制作过程极为复杂。它使用的巧克力没有接受过标准化处理：各种不同的形状、不同的大小，甚至成分也大不相同。由于巧克力的保质期有限，其涉及的供应链就更为复杂，工厂需要在严格的时间规定内完成制作和售卖。

一段时间后，该公司发现，产品的生产和包装的部分环节的协调上出现了问题。比如，公司发现了一个明显的问题：公司需要为一位顾客提供数量较大的盒装巧克力，却发现公司库存中缺少贴在盒子上、标注不同巧克力的标签。整个供应链出现的混乱严重影响了最后的交货。

该公司聘请阿尔特米特里克公司来担任它的数字化推手。很快，阿尔特米特里克公司发现这家糖果制造商缺乏一个集中的全球库存系统，即缺乏单一信息源，同时，它没有集中的订货系统，或者一个可视化系统来协调所有环节。

阿尔特米特里克公司认为，该糖果制造商出现的不仅仅是技术问题。当时公司使用的旧式的大型计算机其实也够用。公司缺乏的是对糖果生产材料以及交货时间等信息流的整合过程。

公司首先需要研发一个系统来简化并统一所有的订购流程，搭建起单一信息源，这样可以提供供应链和库存的所有信息，还可以在公司瓶颈时期或者出现供货短缺的情况下提供实时警报。这些变化有助于生成一个新的端到端、更协调的系统。接下来，在公司历史数据的基础上，利用人工智能和机器学习来研发新的预测（即可重复使用的资产），这样可以提升库存管理能力。

我们还可以参考另外一个案例：一家金融科技公司周转于那些急于寻求贷款的小企业和一些可以提供资金帮助的投资者之间，但这家金融科技公司在风险分析方面遇到了问题。于是，该公司便向阿尔特米特里克公司寻求帮助，希望能够得到相关的数字解决方案。通过在网络上获取更多关于借款人、市场和整体经济状况的数据，阿尔特米特里克公司很快将该公司的问题简化，并通过数字分析技术来重组这些信息。阿尔特米特里克将这个数据平台上传到云端，这样，相关人员可以更轻松地获取关于借款人的重要财务数据。同时，阿尔特米特里克公司引入了算法、机器学习以及更强大的分析功能，这样可以更好地评估那些与贷款相关的风险。

有了以上助力，该金融科技公司获得了更多风险评估数据以及更先进的风险模型。在此之前，公司需要花费七到八个月的时间去更新风险评估模型。而在新的平台，更新模型仅需要四到六周时间。除此之外，随着系统被上传到云端，公司可以采用随用随付的模式，将成本分摊至金融科技公司。

在与数字化推手确定公司发展路线的时候，应当与其讨论绩效指标是否可以用来衡量公司的发展状况并迅速识别偏差。公司应当与数字化推手就关键绩效指标达成一致意见，以便日后的进度更加透明化，并且能够更快达成处理问题或新信息的见解。

你的初步讨论还应当建立一个涵盖所有关键利益相关者以及他们在项目构建过程中的目的与角色的名单。另外，作为这个过程中的一部分，你也应当建立对数据更新及交流的频率的期望。

这可不是一个按照计划就可以一路执行到底的过程。与之相反，这是一个反复的过程。在此过程中，必须建立一个反馈途径，以便首席执行官和转型团队可以监测整个流程、查漏补缺，也可以随时应对数字化平台和单一信息源实施的过程中可能出现的各种可能性。随着数字化推手对公司的更深了解，加之我们对数字化工具、算法及数据分析的熟练掌握，我们也应当随时调整设立的目标。有了相关知识的加持，我们可以通过成果教学法来收获更多将洞察力和想法转化为可销售产品的途径。

另外一项重要的工作就是定期向首席执行官汇报工作。首席执行官直接参与数字化过程，这会向整个公司和所有利益相关者传递一个信号：数字化对公司来说，是优先发展的任务，每个人都需要服从命令。这不仅彰显首席执行官的支持态度，还为数字化改革赢得更多人的参与和跟进。

当然，不管事先计划有多么周密，项目的发展总会有偏离预定轨道的时候。我们会在过程的细枝末节中发觉出现的问题，这些问题有可能带来麻烦。首席执行官或领导者此时应当注意到这些问题，并及时解决它们。

可以参考以下经典案例：

- 你的IT部门可能会有自己偏好的数字项目，在数字化过程中，他们会试图不动声色地让数字化推手朝着这些项目的方向发展，而非顾全公司更大的战略目标。

- 有时候由于安全协议或者来自公司内部的阻力，数字化推手会被拒绝访问一些关键信息或者关键系统。必须清除这些障碍。

- 随着数字化进程不断深入企业各个业务部分，以及数字化进程可能会带来的挑战或麻烦，整个项目也许会朝着我们意料之外的方向发展，这就需要我们密切、持续地监测，以保证整个项目始终在既定的轨道上。

只要价值链上所有小问题都得以改造，痛点问题都被解决了，你就需要商定一个更长期的管理计划，比如让自己的业务团队来管理平台和单一信息源，并做好企业长期增长、发展的准备。这对企业的转型是必不可少的，你应当维持与数字化推手的长期合作。

关于后续合作的例子，我们可以参考阿尔特米特里克公司与一家大银行之间的合作。这家银行已经成功开展了电子汇款业务，该业务主要涉及商业实体之间的大型交易。但在几年前，通过引入了一些应用程序，消费者可以通过这些程序进行小额转账。这让原本的大宗交易业务又吸纳了更多小型交易的个人转账。

这家银行既想保留其传统的汇款业务，又希望通过新平台在以消费者为导向的市场中占有一席之地。因此，它聘请了阿尔特米特里克公司来研发一个新的数字平台。阿尔特米特里克公司开发了一套独立的平台来容纳并保护其传统业务，这样就不会受到即将搭建的新平台业务的干扰。

阿尔特米特里克公司与该银行通过紧密合作，确定了掌握新平台所有权的人选，并根据其需要在平台上开发新功能。阿尔特米特里克公司派出专业的人员来为银行领导层提供该系统的培训学习，并适当调整银行文化以便充分利用平台的功能。换句话说，阿尔特米特里克公司解决的不仅是一个有关商业的技术问题，更是创造了一个新的商业机遇。

这只是一个起步，未来还有很长的路要走。你的企业会向哪个方向转型呢？

第 6 章

从算法到新模式：
为客户和股东创造更高价值

　　现在，我们已经在价值链上迈出了数字化的第一步，而且拥有了新平台和新功能。现在就可以开发可重复使用的资产，还会尝到单一信息源带来的"甜头"。现阶段，我们可以看到性能效益，已经解决了一些痛点，引入了新的算法数字引擎，还可以激励我们的经理。企业的员工都加入了数字化过程，企业的内部关系也会更具合作性与活力，这样，企业创新就会不断从充满活力的员工队伍中涌现出来。

　　企业现在拥有了一个强大、灵活的增值系统——这种增值既包括技术层面，又涉及人员方面。越是这个时候，企业的领导层越是需要后退一步去重新构想企业的商业战略和新的竞争优势。企业变得更加善于为客户和股东服务，而且盈利的速度正在加快。

梦想已经照进现实。接下来该做什么？

具体来说，我们已经准备好通过全新的视角在价值链上迈出第二步。企业的经理不仅准备好继续推进数字化过程，更确切地说，他们体会到了成功的滋味，现在更是迫切地期待着接下来的发展。企业的领导者现在也熟悉了数字化过程，他们也摆脱了之前被技术挑战的危机感。此时的他们，对如何运用数字化技术来完善自己的工作，有了更深刻的体验。因为他们深知，数字化技术可以帮助他们更快地做出决定，还可以为员工赋能。伴随着每一步数字化改革的尝试，所有员工都会看到数字化技术对绩效带来的深远影响。

很快，我们也将看到这些进步的多样性。以往片面的、线性的过程或方法，现在都会变得多维化，而且能够带来现金流和价值的非线性增长。

我们可以参考一个全新、直接的在线销售渠道的案例。通过这个在线销售渠道，企业不仅实现了销量的增长，更重要的是，企业的客户数据和市场数据也有了显著增长。通过人工智能和机器学习的帮助，这些数据会被转化为深刻的洞察力和宝贵的可重复使用资产，有助于推进企业执行营销策略、开发新产品和向新市场进军。对客户而言，由于服务质量的提升，越来越多的客户会参与线上购买渠道，这为企业带来更多的数据流，也进一步提升了企业在有价值的新市场中的导航能力。

沃尔玛，曾经的数字落伍者，最终竟然实现了市值的大幅提升：从 2015 年的不到 2000 亿美元增加到现在的 4000 亿美元。数字化之后的奥多比公司（Adobe），市值以火箭般的速度从 2015 年的 450 亿美元上升到如今的 2890 亿美元。迪士尼也是如此，它积极进军流媒体，并提升其内容创作能力，从 2015 年的市值 1730 亿美元上升到现在的 3250 亿美元。

这些大公司已经意识到并且利用了数字化的优势。虽然它们的数字化进程可能落后于数字巨头亚马逊公司或者奈飞公司，但也拥有了迅速提升的能力。一些中小型企业通过使用我们提供的模型，收获了既快速又便宜的改变格局的好处。这为公司打开了机遇的闸门。通过创造性思维和执行力的结合，你会发现自己走上了一条指数增长的道路。

随着你在这条道路上按部就班地不断前进，你就可以分次解决价值链出现的问题。你可以通过这个新杠杆提升以下 5 个关键领域的业绩：

- 专注于消费者。公司需要提高自己的适应性，还需要维护客户的忠诚度，这样才能获得高速增长，获利也会更快。

- 确保有合适的人才来发现并追求新机遇，创造更开放、更平面化、更协作的企业文化。颠覆旧有的教条，积极为公司引入颠覆性元素，即可以创新、质疑现状的人才。寻找新的领导者，即理解并接受这些人才的领导者，这些领导者才是创新的灵魂。

- 重新定制决策制定过程，这样会加快其速度，并提高过程的透明度。减少审核问题的人员数量，还要减少那些经常参与协商的委员会的人数。引入运营者，即那些脚踏实地、真正了解每个决策对客户产生的影响力的人。开放运营机制，加大对原创提案的奖励机制。
- 通过数字平台，寻找更多机会运用以下技术——单一信息源、仪表盘和清晰的可视化操作。提供全面的培训，这样员工可以利用好这些分析结果。
- 确保公司的领导层能够适应不断变化、更透明的企业文化，这会让工作环境变得更加去政治化、去官僚化。请牢记一件事情：由于新冠肺炎疫情的影响，公司员工已经对数字业务有了更深刻的了解与认识。这让日后的进程更轻松。

这个难得的机会不仅可以用来重组公司、阐明新的战略重点，还可以帮助你预测未来市场、更专业地运作数字化系统。你只需要花时间确认两件事：由正确的人才领导并且运用了改进的决策模式，那么整个数字化过程就会自我反哺，带给你成倍的动力。

公司的人才则必须随时了解、观察并不断分析消费者行为，通过算法的运用和人工智能来辨识消费行为或消费欲望的变化。不管是公司的领导者还是员工，都必须接受一个规则：创新是毫无争议的。人才必须专注于实验创新，并接受这个过程中遇到的失败，能够将失败的经历视为一次次的学习机会。这些都是创造收入和生产力的手段，更是一种必备的战略。

与此同时，还要关注这样一个事实：在新的数字企业中，没有什么东西可以做到静止不动。今天的一个新想法，或者是明天的一项创新，都难逃被淘汰的命运，而且这个淘汰的速度远超我们的预期。这样的淘汰速度并非百害而无一利。我们可以将它看作部署新平台的机遇，在我们的竞争对手行动之前，我们就及早准备。这个迭代过程可以拓宽我们的视野，提升我们自身的竞争力。

我们使用的人工智能工具，最大的优势在于它们本身会根据接收到的新数据不断学习进步，变得越来越"聪明"，因此会帮助我们更好地服务于我们的客户。这也是为什么可重复使用的资产总是会变得更有价值。但也不能因为有了这些工具就减少了对人才的培训。公司需要将常规培训和学习纳入公司的日常工作中。

在调整公司运营方式的过程中，还有一个核心要素，那就是重新思考我们的决策过程。我们应当让数据流更开放、更受用于我们的分析软件，而这种改变会让公司的决策数量变少，但决策过程会变得更快。人工智能软件会替我们做出一些常规决策。通常情况下，这些决策会被下推到公司更多级别的员工那里，而数字化团队也得以与那些直接接触客户的一线员工进行交流合作。

取消运行和决策过程中的层层管控也有益于公司结构的重组。中层管理人员数量缩减，但他们的生产力会得到提升。这些中层管理人员会发现自己的工作更刺激、更充实，同时，他们用于直接监督的时间会减少，而用来提高业务绩效的时间会大幅增加。事实上，他们的监督工作基本被取消，而管理辅助工作会增多，大多数中层管理人员都会接触到最前沿的数据分析技术。

新转型的领导者不仅拥有真正的专业知识，还会因为这些深厚的知识和善于激励、支持下属的能力而备受尊重。员工会由衷佩服这些领导者的洞察力和远见卓识。

现在，你已经有能力为公司计划下一步的发展，而且掌握了这种重塑业务结构的创新模式。这些工具会为你提供一种全新的、360度的视角，让你看得更远、更详细、更深入。你会发现许多非线性增长的机会，而且你会更好地了解客户。公司的数字未来不在明天，而在今天！

第 7 章

领导力出错以及纠错

7.1 迎接领导力的挑战

即便是小规模的项目，也有可能出现停滞发展的情况。我们可以从那些遇到这种困难的公司身上吸取一些教训。其中，最重要的是，首席执行官（或数字代理人）需要全程深度参与这个过程，因为没有人可以代替首席执行官来学习并关注项目执行的进展情况。

这绝不是一个被动的角色。这个角色的意义在于可以在出现问题的第一时间进行快速诊断，并果断采用补救措施。如果高管对重新分配资源、人员调动以及行为辅导不熟悉，他们自身就会成为公司发展过程中的阻碍。我们不仅可以从他人身上学到优点，更要汲取他人的失误与教训。

7.2　应对糟糕的招聘

如果一个简单的小项目都出现问题的话，那么根源往往在于公司招聘了错误的首席数据官。假如负责招聘的高管不熟悉数字化与人工智能等领域，那么很容易出现选人方面的失误。根据我们在全球范围内的观察和经验来看，新员工的平均表现并不完美，而首席数据官的表现则更差。首席执行官必须接受自己在选人方面的错误，并迅速采取补救措施，否则等待的时间越长，公司的竞争力就越弱。

招聘人才的失误直接导致一家大型、高性能制造公司的数字化进程的减缓。这家公司总部位于马来西亚，通过几十年来的收购业务，该公司已经变身成为收入约 50 亿美元的全球大公司，业务遍及各大洲的国家，比如中国、美国、印度尼西亚、德国以及巴西等，而其本国收入只占公司总收入的一小部分。

该公司的全球范围收入几乎都是通过硬通货计算的，而且它时常面临诸如资金从一个国家流向另一个国家的波动性等全球性问题的挑战。新冠肺炎疫情时期，该公司不得不短时关闭其部分基础设施，这一举动导致供应链被中断。由于需求和供应链的波动影响，公司无法对未来发展做出任何预测。有时候，波动性甚至高达 100%，就比如油价从 40 美元上涨到 80 美元，然后又跌至 40 美元那样。

如果所有事情都可以通过手工或电子表格完成，那公司定会管理得很好。然而，对市场行情预测的不足让公司举步维艰，甚至严重削弱了公司的竞争优势。当下，数字化已经成为一种必然趋势。不过对该公司而言，以往的通过收购来实现增长的策略却影响了数字化进程，毕竟不同的收购订单是通过不同的 IT 系统完成的，而部分系统早已经过时。将所有这些收购系统统一标准不仅需要大量的资本投入，还会花费大量现金，这对一家资本密集型企业来说，难上加难。

时任公司首席执行官准备在公司内推行数字化改革，正巧他得知了一条让他备感紧迫性的消息：从一位顾问那里，他了解到亚马逊公司已经进军他所在行业的物流领域。通过将其配送站到客户的物流过程数字化之后，亚马逊的这部分成本降低了 3/4，而货品配送到客户的周期时间也减少了1/2，同时减少了公司库存，释放现金，并强化了客户合作关系。这位首席执行官立刻意识到，像亚马逊这样的数字巨头的介入会严重影响自家公司的业务。

这位首席执行官委派公司内部一位经验丰富的高管来监督公司的数字化工作，同时继续负责公司产品的运营。这位高管很快提出一个"两年计划"作为公司迈出数字化的关键一步。这个计划企图修复各自不同的 IT 系统。不过，他们遇到了一个问题：是否要从外部聘请一位数字管理员来实施这一计划呢？如果是的话，具体该如何操作？

后来，公司决定，由人力资源主管和战略部门的负责人牵头，通过与猎头公司的合作来寻找合适人选。经过面试，公司决定雇用一位年龄 35 岁的数字管理员，他曾任职于欧洲和亚洲的一些知名大公司。

这位新任首席数据官在最初的 5 个月内，遍访公司位于不同国家的办事处。通过与 90 多名员工的交谈，这位首席数据官基本了解了员工的工作方式以及目前亟须解决的问题，并且更全面地了解整个公司的运行。之后，他花费一定时间整理出一份长达 75 页的报告，并提交给首席执行官。这份为期两年的改革计划既涉及 IT 系统的修复，又包括对公司各位首席高管的建议。

不过，首席执行官聆听了这位数据官的发言之后，变得很紧张。"就好像他要打造一座泰姬陵一般，"这位首席执行官后来这样对我们说，"他说他需要招聘 91 个人来完成这项计划，但并没有告诉我们会怎么做，也没有具体说明会采用哪些项目或者步骤，更没有提及如何做。"

首席执行官不禁产生疑问：这位年轻人之前真的在哪家公司开展过这项业务吗？他真的了解将这些相互分离的系统和数据进行整合的复杂性吗？这位年轻人的简历确实很亮眼，但首席执行官想起来，尽管他曾任职于很多大公司，但他几乎每隔两年半就会换一家公司。他真的有完整的时间来推动某一个项目的实施吗？

为了核实他的想法，这位首席执行官委托他的一位顾问从年轻人刚离职的公司打听消息。通过联系该公司的首席执行官，我们得知，这位年轻人确实在那里工作过，还工作了两年四个月。不过他没有做任何特别的事情，也没有记录显示他完成过任何项目。

　　现在该怎么办？首席执行官对这位年轻的数据官能否胜任接下来的工作存在很大疑虑，而且公司目前的处境已经容不得任何失误的出现。应当通过一个小项目考验一下这位年轻人，还是应当马上雇用其他人？这两个选择都很艰难，不过公司领导者决定给这位数据官一个机会。他们让数据官去实施一个小一点的项目，而这个庞大的数字化提案则另选他人来负责完成。

　　新的选人工作要开始了。这一次，公司不仅修改了标准，更换了新的猎头公司，更重要的是，首席执行官参与了面试环节，因为他已经意识到自己必须花时间去挖掘正确的人才。

　　然而，招聘过程很艰难。很少有人愿意前往马来西亚工作，因为该国不仅面积小，政局还很动荡。不过，好在首席执行官及时做出决定，允许应聘者在其他国家创立数字化办公室，比如可以选择在应聘者喜欢的某个西方国家工作及生活。有了这样的条件，公司才成功招聘到人才，走上了正轨。但之前的错误招聘也让公司的发展推迟了一年时间，无形中增强了竞争对手的优势。

7.3 未得到解决的僵局

托尔盖特公司（化名）的首席执行官原本放弃了让他的儿子迈克加入家族企业的想法。不过迈克在进修获得 MBA 学位之后，又花费了 20 年时间投身咨询与管理学习，之后开始领导托尔盖特公司的创新与科技小组。这时，公司的总裁是罗斯，因为迈克的父亲马上要退休了，罗斯可能就是迈克父亲的继任者。

公司有两大部门：一个是化学品部门，另外一个是建筑产品部门。这两个部门之间没有什么直接关联。负责建筑产品部门的是公司德高望重的老总哈里。公司里的每个人都知道，只要遇到事情就去找哈里，因为他不仅擅长交际，备受大家信任，还掌握了获得正确信息和选用正确人才的能力。哈里当初应聘的是化学品部门，但后来出色地转型到建筑产品部门。

建筑产品是一个分散的行业，也就是说数量众多的供应商不仅为小企业供货，还会为诸如家得宝和劳氏这样的大企业供货。通过收购其他小企业，比如一些专供材料或专有制造系统的小企业，哈里成功帮助这个部门实现了增长。他还与一些极为专业、成功的人员共同保障了业务的高速运转。

这两个部门其实相差巨大。在建筑产品部门，产品是行业的支柱，所以公司会尽力以产品创新为主导。同时，建筑产品部门需要维持制造和物流的高效运行。而在价值高达数十亿美元的化学品部门，基本是商品业务，且极具波动性，因为这里商品的定价取决于原油价格，而原油价格则由商品市场决定。

拥有技术知识的迈克，希望帮助完成公司数字化转型的准备工作。他邀请到一位顾问，带着他自己、罗斯和哈里去参观了一些在数字化进程上取得良好进展的公司。不仅是他们三个人，甚至包括公司的首席执行官，看到这些成果后，都迫不及待地想开启自己公司的转型过程了。他们盛情邀请迪米特里来负责公司的数字化转型，因为迪米特里有着丰富的数字化经验。入职后，迪米特里直接向哈里汇报进展。

迪米特里又招聘了几位专家，他们具备人工智能和机器学习的专业知识，负责不同系统数据的清理、对数字化进程进行基准测试以及拜访公司的相关人员。大约四个月之后，迪米特里安排两个部门进行一次共同研讨。不过这个想法遭到哈里和迈克的反对，尽管这两位是迄今为止参与数字化工作最多的高管，也是当初招聘迪米特里的关键领导。他们觉得迪米特里应当先去了解建筑产品部门已经开展的一些小型项目。

迪米特里暂时推迟了研讨会计划，转而制订了一份详细计划，阐述如何将公司的两大部门进行数字化改革，以及如何为全公司搭建单一信息源等过程。他还展示了公司应当开展哪些项目和重点任务，并在每个项目后用括号标注出该项目的外包合作伙伴。通过迪米特里高超的表达力，大家对这份计划印象极为深刻。迪米特里还提出为每一个项目寻求商业赞助，有序安排项目实施，保证正常运行。

不过迈克认为这里存在一个明显的问题：这份计划书并非出自迪米特里之手。原稿来源于一个已经离职的员工，而迪米特里将这些内容据为己有。此外，鉴于公司业务的差异性，创建单一信息源根本就不可行。由于客户数据无法被整合起来，规模经济无法为公司带来效益。

结果，首席数据官入职七个月了，公司业务还处于停滞状态，大家依旧在争论：两大部门是否应当同时数字化、是设置两位首席数据官还是一位首席数据官、迪米特里是不是还应在现任岗位上继续工作等。这个时候，就需要首席执行官的介入了。他需要力排众议，让两大部门快速走上数字化发展的轨道。

7.4 首席执行官的保驾护航

所有优秀提案都有一个共同特点：最高领导者全程保持深度参与的状态。这直接告诉全体员工该项目有多么重要。另外，如果过程中需要做出调整或出现冲突，或者需要在人力或财政资源方面做出快速决定，最高领导者都可以开展直接、及时的指导。

说起这个话题，我们立马想到之前打过交道的一位首席执行官，他可以示范如何在过程中学习和参与，保证项目的顺利开展并收获预期的结果。这位首席执行官领导的公司已经在印度运行了 11 年之久，主要提供风能、太阳能等替代能源。由于自身是高度的资本密集型产业，公司不得不通过大量贷款来安装太阳能电池板和风力涡轮机。为了售出其能源，该公司与印度政府进行长期的合同竞标，即公司在 25 年内不得超过政府规定的价格。

在印度，各邦内部的电力分配都是由邦政府来决定的，而且政府大多会与国有配电公司进行合作。另外，能源公司面临的最大问题在于：印度的各邦政府从不支付费用账单，这真是臭名昭著。每次到政府换届的时候，付款账单就从一个政党推移到另一个政党，有的时候，应收款项会拖延一年之久。这种延迟付款的做法对现金流造成巨大压力，导致公司既无法偿还贷款，又面临运营资金的不断上涨。

公司面临的最大开销是贷款利息，劳动力只占其支出的非常小的一部分。

在过去的几年里，合同竞标过程变得越来越激烈，而长期的合同价格又下降了 20%。数字化已然成了公司能否在应对挑战的过程中赚到钱的重要因素。

虽然公司的首席执行官并没有技术方面的具体知识，但他一直都是一位努力学习的领导者。他很清楚，已经有公司通过数字化业务实现了惊人的成果，这更激发了他的好奇心。"虽然我最开始只有一个模糊的想法，对具体的数字化业务没有特别清晰的认识，但我相信这一定会是创造更大价值的重要筹码。我希望通过学习，将数字化运用到我们的具体运营中。"

　　这位首席执行官属于天生具有强烈好奇心的那类领导者，他不仅自己投身数字化学习，更是带领整个团队进行系统学习。他们大概花费一年的时间，与相关领域的潜在供应商和国际化大公司交流学习。不仅如此，这位首席执行官还安排专家和数字化相关人员到公司进行经验交流。他收集到了很多可以用来研究学习的案例。

　　公司董事会成员也加入了学习行列。首席执行官经常与董事会成员开诚布公地交流，还会定期安排他的团队去拜访一些已经成功实施数字化技术的公司。比如，他们曾参观拉森图博公司（Larsen&Toubro），该公司因较早开启数字化改革而闻名，并在印度、欧洲各国和美国等许多地区开设分公司。首席执行官和其团队对该公司在数字化进程中遇到的问题尤为感兴趣，之后还与董事会分享了这些信息。

　　经过这一番实地调查，首席执行官与他的团队已经做好了充足的心理准备，数字化进程蓄势待发。经研究，公司决定他们迈出的第一步是收集数据，还需要将这些数据进行有意义、可分析的分类与整理。为此，他们专门咨询了麦肯锡公司。麦肯锡公司提供的帮助不仅让数据更灵活，还激发了团队更迫切的决心。

直接使用现成的应用程序不会对公司业务带来多大转变，所以首席执行官决定寻找一家小型的数字化推手公司来合作。说干就干，他很快找到一家合适的数字化推手公司，并与它密切合作，获得了提高风力涡轮机和太阳能电池板效率的最佳方案。与此同时，这位首席执行官说服了一家小型数字供应商来完成以上项目。而他本人以及他的首席运营官都全程参与到项目的监管之中，这样也最大限度地提高了他们的学习效率。

之后，首席执行官继续与数字化推手合作，保证整个项目在九个月内就取得了成效。他的全程参与又为自己开辟了一个新的思路：为什么不直接收购这家数字化推手公司呢？这个数字化推手还为其他公司做过标杆分析工作呢。如此一来，公司不就拥有了自己的数字化专家了嘛。最后，数字化推手同意了他们的收购方案和收购细节。

在收购交易完成之后的一年时间里，首席执行官参与了公司的两个新数字项目的实施与完成。新落成的项目提高了太阳能发电和风能发电的效率，还促使管理层可以追踪多个指标，并通过不同方式（比如按照时间划分）将数据进行分类管理。经过一番改革，公司每年能够省下来 200 万美元的费用，这笔钱正好可以支付收购的费用。

如果仅仅是为了完成几个项目，这远没有达到公司的终极目标。让公司更具竞争力并且让全公司为了这个目标不懈地努力，才是首席执行官的远大理想。公司现在的数字部门专注于数据与算法使用的不断创新。它不能改变价格，却可以提高效率，并改变电力的储存方式。现在有可能创造出新的能源产品，定价新的细分市场。这样，公司才会更有信心与政府竞标合同并长期锁定该合同。

随后，公司全力支持新项目的研发设计。数字化项目的顺利推进和卓越成果的取得在很大程度上都归功于这位首席执行官的志向，他通过不断的学习，不仅自己全程参与数字化过程，还邀请他的团队成员以及董事会其他成员都加入其中，这些都极大地推动了数字化变革。

大部分人都满足于管理已有资产，而这位首席执行官决定尝试数字化，不过他对数字化的概念还是相对模糊的。当麦肯锡公司为员工描绘出公司的任务后，首席执行官决定让团队的所有成员都学习相关知识，这样他们就可以分享成功的喜悦了。为了在公司内部引进必要的专业知识，这位首席执行官引入大量资源，并重新分配人员岗位以便将这些新获得的技能转化为商业资产。以上这些行动都足以证明，领导力的确可以创造真正的商业利益。

2

第二部分

案例

第8章
低投资、高回报的数字化业务

1. 为一家中型农业企业的创新区块链提供解决方案

2. 为临时工提供云原生银行平台

3. 为全球糖果生产商提供数字化决策平台

4. 用于安全扫描并对数据进行分类的支付平台

5. 身份服务：为了更好地确定目标而连接客户群

6. 为美国的大银行进行支付平台现代化改造

7. 通过即时付款来完善小企业的利润率和现金流

8. 为美国中等规模银行提供消费者贷款平台

9. 医生名录

10. 虚拟商品开发平台

11. 商业卡的现代费用管理

12. 日用消费品／快速消费品的需求预测和物流优化

13. 单一信息源：销售、收入和需求规划的纽带

14. 商业态势感知

15. 危重病人的远程管理服务

16. 为医疗保健网络中的中小企业提供移动应用程序

17. 聆听客户心声，提高客户满意度

18. 对话式人工智能平台

19. 仓储流程自动化

20. 开设账户交易

21. 基于人工智能模拟，实现车队管理

22. 通过增强现实技术实现家居装饰品的数字购物体验

23. 为基金经理提供数字营销驱动的销售方式

24. 解决支付网络交换费的收入流失

25. 迅捷的医疗申请授权平台

1. 为一家中型农业企业的创新区块链提供解决方案

痛点

该企业主营业务为温室蔬菜的大规模生产。企业的决策者听说沃尔玛和其他大型企业在他们的一些供应链中施行区块链策略。那么，该企业不得不面对一个问题："对大型的买方企业实施区块链来驱动供应链来说，做法是行得通的，那么像我们这样相对较小的企业是否也行得通呢？如果可以的话，我们该如何利用新兴的区块链驱动呢？"

他们聘请了一位数字化业务合作伙伴（以下简称"数字伙伴"）来落实这个方案。

数字伙伴采用以下方法来解决问题：简化、创新和单一信息源。

解决方案

典型的区块链运营需要若干个公司参与。这本身就会让整个实施过程变得很复杂，且耗费时间。为了简化这个流程，数字伙伴建议该农业综合企业减少用例数量，就可以少"跳几步"（区块链中的公司数量）。

另外，数字伙伴建议企业打破区块链从右到左的常规操作方法，即从区块链右侧的大型零售商驱动左侧的参与公司。

通过与相关利益相关者的沟通，数字伙伴评估了各个选项，并从中选择了一个用例。

这家农业综合企业极为遵守美国食品药品监督管理局和政府的相关法规。例如，如果因为某些原因导致某个温室的塑料出现了一丝破损，那该企业将丢弃相关时间段内这个温室种植出来的所有农产品。数字伙伴提议，可以将这一环节货币化处理。那么该如何实现呢？通过在区块链中展示相关信息，买家会清楚地看到该产品的合格信息。这样，就会有一些买家愿意为这种透明的、可以被核实的信息买单。

另一个建议是，让下游买家看到有机产品的整个链条。它真的是有机产品吗？区块链的实施需要最先在企业内部开展，然后向外扩张。由于区块链获取数据的不断增加，再加上不同环节的透明化参与的累积，整个数据库会变成为一个单一信息源。企业资源计划（ERP）等应用程序就可以利用单一信息源来开展各自的业务。

商业影响

通过推动更多的买家订单，这一举措为顶层收入带来了切实的影响。不仅如此，因为企业可以收取合理的溢价金，企业的利润率增长了8%。随着企业合法合规的消息的进一步传播，越来越多的消费者被吸引，因此，该企业生态系统中的所有参与者之间的信任度也得到了大幅度提高。

2. 为临时工提供云原生银行平台

痛点

美国约有 6000 万名临时工，他们在工作和经济往来方面面临很多挑战，首要的问题就是缺乏统一的支付和对账平台，不仅如此，他们还缺乏其他企业主使用的嵌入式现金流管理方法。

大多数临时工不会像企业那样，可以按照客户指定的方式灵活地付款。对以零工生意为主要经济来源的人来说，这极具挑战性，因为这限制了他们接纳客户的范围，也会影响到未来的经常性服务和业务收入。

传统支付方式的成本结构和费用太高，导致其不能为企业提供抵押价值。除此之外，如果不先将资金转入一个非业务账户，那么可用资金经常会被拖延使用甚至无法使用。

收入的不可预测性、获取资金的延迟性以及非传统工资型工作的现金流管理挑战，为简化数字银行平台创造了发展机遇。通过该平台，我们可以简化企业的日常开支管理并为临时工降低运行和入门成本。

对临时工来说，传统银行在储蓄激励、个人对个人的支付便利甚至依据企业现金流分析而做出的主动贷款决策等方面都很难提供切实的帮助。

解决方案

为解决上述问题，数字化推手与一家初创公司合作，为用户提供了一个统一的平台，具体业务如下：

1. 接受所有的付款方式并享受扩大化的福利网络，即那些通过零工经济渠道无法享受或者较难享受到的福利网络；

2. 即时获取他们的资金，并受益于更高收益的存款和现金流管理解决方案，比如费用 / 收入仪表盘、直接资金转账和数字钱包整合；

3. 从一个统一的银行账户中赚取、保存和管理开支以及业务现金流，这可以作为他们零工经济的单一信息源。

这家数字化推手公司针对临时工量身定制了一个全渠道、端到端的数字银行平台。通过创新结合，比如 GraphQL 的双 API 查询系统实现了高速支付结算，结合大量的算法，利用新的银行合作伙伴来分拆现实世界中的账户，它就创造出一个独特的、有价值的方案。

现在，临时工可以使用一种更加透明、快速、便捷的支付方式了，而且，银行提供了更为友好的解决方案。这个平台介于真正的数字银行解决方案和零工经济企业主的商业伙伴之间。该数字化推手的方法创造了很多新机遇，比如零工经济的注册、支付管理甚至是银行卡和基本银行服务等。

该平台为临时工提供了单一信息源，他们可以通过该平台获取一切与业务运营有关的数据，比如客户和临时工数据、平均交易额、收入、服务记录、税收分配或交易记录等。除此之外，该平台还提供现金流量表和资产负债表。这些数据点会为日后的市场报价，比如商业贷款的核保决定提供有效帮助。

商业影响

● 速度：

在不到 4 个月的时间里，数字化推手成功设计所有的用户旅程、建立业务角色模型、构建一个云基平台并建立起一种全渠道的体验。这仅仅是协作旅程的开始，这位新成立的伙伴已经在为数百位临时工提供服务了。仅从平台运行到小规模临时工的注册使用，平台的每月开票量已经超过了 2.5 万美元。而终端客户则更方便地支付日常服务的费用。

● 价值创造：

作为一位极有价值的、以零工经济为业务中心的商业伙伴，这家初创公司既创造了内在价值，又为那些刚进入这个全球劳动力增长最快的行业的工作者降低了创业成本。

● 产品与平台：

数字化推手的伙伴业务还会涉及云工程服务、合作伙伴集成、定制应用程序编程接口开发、后端服务以及迅速建立和塑造一个响应式的网络单页应用程序和最先进的无密码原生 iOS 系统应用程序等。

3. 为全球糖果生产商提供数字化决策平台

痛点

位于比利时的一家巧克力公司，以工艺和产品创新闻名世界。在过去的 90 年里，它已经成长为一个全球性的高端品牌，目前拥有 600 多家精品店。不仅如此，它还在全球 100 多个国家开设分店。

不过，由于公司无法实时了解库存情况，导致它在库存管理方面遇到了棘手问题。此外，它在不同系统中存在多个产品版本，缺少跨系统的统一版本。由于缺乏报告平台，公司无法及时按照具体的最小库存单位去统计各产品分类的供应周数、分配或取消交易等情况。用户通常需要在 ERP 平台下载 Excel 表格，并拨打电话了解情况，才能做出下一步的决策。

客户服务主管需要一个可靠的单一信息源，这样才能在日后有效地开展工作，并提高决策效率。

供应计划团队的领导者需要确保从销售环节到需求环节

再到供应环节的无缝衔接，同时，需要随时在供应环节中提供一些关键指标。

数字化推手团队对公司需要解决的业务问题做出以下总结：

- 整个公司急需可靠信息源。

公司以往的数据访问过程依赖于传统的系统（会黑屏的菜单驱动交易系统），因此库存信息受到很多约束，这就导致订单执行过程中需要人工干预。客户服务团队依靠 Excel 报表来掌握库存情况。Excel 表格里的数据有可能是一到两天之前的，所以团队还得打电话或者发送电子邮件来再次确认数据。

- 数据缺乏可见性，导致人工计量和效率低下。

供应链上缺乏对订单存在周期和产品、客户以及渠道需求的可见性，这导致团队很难分配客户订单。客户偏好的产品保质期需求各有不同。由于缺乏对产品有效期和保质期变化情况的及时了解，团队需要花费数周时间来手动计算关键指标。

- 缺乏主数据。

缺乏单一产品主数据或者产品跨地区的层次结构。不同的客户层次结构被配置在不同系统中。此外，需要针对不同渠道来制定预测和需求计划的应用程序。这给跨团队合作带来了挑战，团队成员很难依照数据做出推断，也无法将这些数据与更为分散的销售数据联系起来。

解决方案

通过与公司高管的合作，数字化推手制定出一个处理零碎项目的计划图。得到公司领导者的肯定后，数字化推手开始搭建这些项目计划，并在可能的情况下实时运行。

主数据管理：

为了协调使用不同系统的产品和客户实体，数字化推手在 Azure 云中创建了一个统一的主数据管理系统，这样就可以为整个公司提供准确、一致、完整的主数据。该数据存储由一个主表和若干参考表组成，涉及客户、产品和供应商实体等环节，可以提供一个完整的审计过程以及特定属性变化的记录。该团队还创建了一个用于管理数据的仪表盘。公司通过仪表盘可以查阅到以下信息：异常情况、层次定义以及关于创建—阅读—更新—删除的周期。

单一信息源：

数字化推手在云端创建了一个集中的运营数据库，以便用户查阅存储库存、订单、预测以及其他交易数据等信息。这些信息来源于多个源系统，而且每 30 分钟就会获得一次增量数据反馈。语义和关键指标的定义也被嵌入聚合和视图层中。所有合作和变化记录也被存储于此。这为公司提供了一个数字化的单一信息源，从而彻底取代了之前使用的电子邮件、语音留言、便条和纸质文件等。

库存报告和仪表盘：

在运行中央数据存储库的时候，团队首先架构了三个运营仪表盘，即用于客户服务、需求计划和供应计划的仪表盘，还有一个为首席体验官提供决策支持的战略仪表盘。仪表盘可以提供直观的、有价值的信息。它们支持跨越多类别的简单筛选，因此，为以下指标的切割和切分提供了帮助：订单趋势、库存趋势、保质期、填充率、月末库存预计和供应周期等。

商业影响

● 决策：

商户可以根据某一特定的库存单位，或者根据客户需求进行切分，并依据实时的数据做决策。这种决策方法的正确率很高，对客户服务和供应链团队的需求计划都很有帮助。

● 更具远见卓识：

将业务数据存储作为单一信息源，这会帮助商业团队获取关键的绩效指标，并做到从销售计划到需求计划再到供应计划的轻松追溯。

- 解锁的价值：

企业用户可以从信息收集、手动提取信息以及操作 Excel 表格等任务中解脱出来。现在，它们有更多的时间专注于那些价值更高、与核心业务更相关的活动了。客户服务团队可以在短短几分钟之内确认客户的订单。通过自动生成关键绩效指标以及一键式决策，需求计划和供应计划团队的生产力也得以大幅度提升。

- 产品与平台：

有了上述数字资产和策划的协调，数字化推手可以确定并建立相关管理渠道，这样不仅可以搭建起可信赖的信息源，还不会影响公司的其他在建业务。它们搭建起来的可重复使用平台还可以被其他领域直接拿来使用。

4. 用于安全扫描并对数据进行分类的支付平台

背景

客户希望其知识产权得以被保护，通过保护现场支付、云端支付以及终端支付等敏感数据来确认合规性，并做到与产品目录和产品管理的无缝集成。

作为一家大型支付公司，该客户拥有涉及移动、网络、钱包和国际数字支付等多个品牌。类似的数据要素在其各个子品牌、功能和渠道方面的定义与格式都不一致。这些要素包括其客户的个人数据、机密的财务数据、就业数据以及用于认证和授权的内部数据等。

客户希望建立一个涵盖其所有品牌的、可以扫描并分类的通用模型，而且需要与支付卡行业保持一致。该模型需要跨越其所有的数据区，不管是高敏感区，还是普通的低敏感区。

痛点

- 由于缺乏一个统一的平台，该公司遇到以下问题：定期风险评估以及安全分类过程缺乏灵活性，企业在不同的接触点的任务都需要额外的人工干预。
- 客户也无法在一个统一的平台上自动扫描相关信息，因为不同品牌使用了不同平台进行数据存储。
- 不同的数据存储库缺乏标准的存储数据属性，因此需要人工对数据进行适当的分类和保护。
- 新的信息会不断进入数据存储系统，然而，该系统缺乏有效的机制来建立数据目录，也无法按照数据安全标准对不同类别的数据进行分类。另外，数据对数据管理员、数据所有者以及信息安全人员来说，缺乏可见性。

解决方案

数字化推手团队着手建立一个模型，可以通过分析、设计以及实施软件工程等方法解决上述问题，该模型还允许团队不断进行微调。

该团队首先专注于理解和解决各种相邻关系，以便其能够充分了解相互之间的范围和依赖性。

- 它与各个领域的团队、职能部门的领导者以及核心安全和隐私数据团队进行了一系列的磋商研讨，这样就方便达成一个共同的框架，以此满足客户端到端的企业需求。
- 他们就行业范围内采用的数据模式达成了一致意见。这些模式涉及全球市场和不同监管环境，以及客户可以扩展到的临近业务领域和未来潜在伙伴关系等。以上模式可以帮助客户日后更长足、更自然地扩展业务。

接下来，团队搭建起一个涵盖各个构建模块的平台。这个平台可以帮助公司的安全和隐私数据报告团队轻松检测到对敏感信息和个人数据的影响，并将这些影响进行可视化操作。

团队还创建了单一信息源，这成为公司自主监测的基础，也成功消除了在接触点或者活动中对人工干预（或者潜在错误）的依赖。比如，使用威胁与安全扫描仪来筛查整组信息数据存储，这种自动化的操作可以提升综合置信水平分数，并确认对该要素将采取的特定行动。

机器学习模型使用了来自客户环境和行业的双模式，该模型的准确性得到了不断提高，而用过的模式也会被纳入模型中。

商业影响

我们可以实现以下方面的商业利益。

● 速度与效率：

监测机密数据要素的覆盖面扩大，因此安全状况得以改善。

大家都可以看到企业内部扫描仪和模型版本的分布，以及哪些分类器处于活跃状态。另外，整个过程都是可追踪、可审计的，而且我们可以百分之百保证：扫描点覆盖整个过程。

连续扫描功能，加上对数据资产的动态采样，让企业系统安全性得到了提高。

平均每 2 万个记录的扫描时间为 4~5 分钟。

所有模型（精度、召回和得分）都有自己的衡量标准。精度和召回的指标会高于计划——可信警报高于 95%（而计划为 75%），高可信度警报高于 95%（而计划为 85%）。

通过无缝跨域操作实现了业务拓展的可能性。系统运行符合相关隐私法规，并有效印证跨品牌、跨方法、跨渠道的统一解决方案。

● 产品与平台工程——新模式实现了以下进步：

数据存储规模更广泛：能够以百万亿字节的规模来识别企业的所有数据存储技术和不同区域内的敏感要素。

集成可视化：针对企业所有安全/隐私官员、运营商和自动化方案结果的一种集中管理、易于访问的可视化操作。

通过可信分数来确定数据类型，从而将收集的数据进行分组，进而共同承担风险。

简化风险管理：这可以帮助安全团队评估数据价值，以及确定如果某类数据丢失、误用或者泄露会带来什么样的影响。

简化对外设部件互联标准（PCI）的监管和强制性标准，并通过提高数据的使用简易程度，进而提高用户的生产效率。

优先考虑安全控制和保证，确保资产得到充分保护。

5. 身份服务：为了更好地确定目标而连接客户群

商业案例

一家全球消费者数据公司希望能够为客户提供一个解决方案，以便他们能够使用公司为他们创建的智能ID，将所有匿名数据绑定在Snowflake（一种基于云的服务）上。这种"身份认证即服务"的产品可以帮助客户进行客户分析并创建新的细分市场，这样就不必像以前那样去分享客户数据了。当公司在 Java/Python 中无法创建哈希密码，或者在 Snowflake 云数仓无法自定义函数的时候，它不得不向数字化推手阿尔特米特里克公司寻求帮助。

由于该公司曾向客户承诺于 2021 年 11 月 13 日"上线"，这就意味着留给阿尔特米特里克公司的时间极为有限，它需要在两周内完成四次最小可行产品的研发冲刺。

解决方案

为了建立 Snowflake 云数仓的最小可行产品，阿尔特米特里克公司采用以下策略：

- 预建"清净室"（该公司与阿尔特米特里克公司共同搭建）

这个空间可供客户存储数据至指定位置。接着，系统将从客户的文件中挑选数据，并针对关键属性，比如地址或者电子邮件等，自动生成哈希密码。

- 客户匹配视图

识别个人身份信息（比如姓名、电子邮件和地址等），同时，通过共享数据中的关键字，可以查阅到每一行中的客户独有编号。

为了给公司的每位客户创建客户视图，Snowflake 云数仓也实施了一些规则，例如：由于 Python 与云数仓不兼容，客户需要使用 Java；使用内置函数和自定义函数对个人身份信息进行标准化操作；使用动态数据获取云数仓的信息流等。

通过云数仓的帮助，公司可以在一个单一的存储过程中实施业务规则，而客户视图的加密数据也可以匹配至每一位客户。

商业影响

该公司对其客户上线该项目的时间，比之前预留给阿尔特米特里克公司的截止日期提前了一周。项目启动后，公司很快收获显著的商业效益：

- 无须共享客户数据就可以更快地进行客户分析与新细分市场的创建。

企业能够通过个人身份信息数据，将不同渠道、不同身份片段以及同一渠道内的不同身份信息相互连接，还可以避免身份信息泄露等问题；与此同时，公司可以分析数据，并在一个私密、无个人身份信息的环境中创建受众。

- 更迅捷的客户促销活动与多渠道定位。

客户营销团队可以将他们在清净室中创建的受众进行部署、发布并发送至诸如可寻址电视、联网电视、数字平台以及社交平台等目的地，通过接触潜在客户来建立他们的品牌和客户基础。

6. 为美国的大银行进行支付平台现代化改造

此案例的客户是一家美国的顶级银行，该银行为遍布世界各地的企业和个人提供机构式服务和消费者银行服务。

因为有的国家对中央银行监管机构做出了相关的监管规定，因此该银行需要推出更新、更迅速的支付类型，比如实时支付或者及时支付等。

痛点

现有的支付和渠道平台一直以来都支持大宗交易和其他银行转账。如果按照传统清算和转账方式，不管对口的是较大的票据规模还是较低的交易量，银行需要花费两到三天的时间，这在以往都行得通。不过，现在政府的监管以及临时工对即时转账的需求，迫使银行开发出一个允许快速转账的系统。不仅如此，系统还需兼有高速发布消息的功能，每周发布一到两次。

鉴于此，该银行聘请一些数字化推手来帮助改造它现有的单体架构的支付和渠道平台。改造之后，银行的支付和渠道平台会成为长期可用的、微服务驱动的、API 优先的、云原生的架构。这种架构改造过渡必须在不影响现有支付类型和数量的前提下，无缝地衔接到新的架构之中。

解决方案

从一种架构到另一种架构的转变应涉及多个业务领域，而不只以技术为前提。领域驱动的设计方法，再加上诸如敏捷方法论这样的现代分布式系统原则，对该银行的架构改造成效极为显著。

此次技术旅程还涉及以下方面：①与企业利益相关者针对业务和技术支持领域进行研讨；②为实现永久在线功能而建立充足的基础设施和软件组件；③为实现自动代码部署、质量关口等功能而建立渠道，这些也会反作用于新功能的快速增量生产发布；④支持数据迁移等，这样从传统数据库迁移到目标数据库的改革可以保证两个系统中数据的完整性，从而创建了单一信息源。

将业务工作流程分解为独立的服务，这既可以做到业务简化，还可以完成横向的扩展。供应商提供了具有通用功能的软件开发工具包，这帮助客户将中心集中于业务问题之上。该途径适用于平行的用户界面和后端的开发使用，也有助于将服务和产品同时推向市场。

将所有收集和计算的数据放入中央数据存储中，这就构成了单一信息源。由于传统平台和新平台并存，单一信息源就成为传统数据库。不过，通过搜索传统数据，我们实现了一个新功能：在最短时间内将传统数据复制到目标数据存储中。在所有功能都被迁移到新平台后，原有的产品将被淘汰，我们则会通过新平台和目标数据存储来形成单一信息源。

商业影响

● 速度：

有了以领域为驱动的设计和 DevOps（Development and Operations）实践，平台的发布周期从四到六个月缩短到两周，并且能够做到在不停机的情况下继续发布新版本。此外，企业通过实现特定功能的转变，进而拥有更快、更灵活的多个独立的微服务。

● 业务成果：

对其他可以使用实时支付的业务部门，也可以在该技术平台上开启自身改革，这根本不需要额外为部门的基础设施和基础组件的建设投入资金。此外，此次改革还促进了业务部门对产品工作方式的创新，并推动开发更多的新方式来吸引客户。

● 解锁单一信息源的价值：

有关单一信息源的报告和领悟，可以帮助企业解锁业务可视化价值，并提供产品使用的新方法。与此同时，它有助于依据客户反馈和数据可视化，来确定产品功能的优先次序。

- 可拓展性和可用性：

由于该平台是云原生、可自动拓展的，因此，它具备内置的冗余功能，可以全天候、全年不间断地为客户提供服务。这是对传统平台的巨大改进，毕竟传统平台每周末都需要停机来打补丁或者做备份。该平台极大增强了客户信心，也让银行获得了更多的市场份额，不会因为停机而遭受任何损失。

7. 通过即时付款来完善小企业的利润率和现金流

商业需求及其重要性

小企业面临高达 3% 的收入流失，却不得不等待 3~7 天才能回收账户中的钱。因此，小企业需要一个平台，不仅能够帮助它们大幅降低费用、即时使用资金，还不影响消费者的便利感和易用感。

解决方案

解决方案概述：通过即时付款，消费者不必使用信用卡，直接出示他们的手机号码或者电子邮件 ID 即可。商家实时发送"付款请求"，消费者即可通过其智能手机中的生物识别技术进行授权。一旦授权成功，消费者的银行便将付款信息即时推送到商家的账户中。交易结束后，银行也会及时通知商家和消费者。此时，才是整个流程的最终交易过程，商家可以即时查收账户里的钱。

上述问题的解决方法其实无关现有系统，因此不需要建立数据湖。

不同的算法可以被运用到认证、支付服务请求、账户代理服务以及实时资金流动服务等过程中。

实施该方案所需成本

团队需要前端工程师、后端工程师、中小企业的云技术和中小企业的支付等。

渐进式实施的时间和成本：

- 最初的支付雏形：时间 3 个月，成本 12 万美元至 12.5 万美元；
- 针对一家商户的完整的平台开发和启动：不包括目录服务（如 Zelle）和实时结算（如 RTP 清算解决方案）的话，时间 12 个月，成本大约 100 万美元。

商业价值

- 改善中小企业的现金流和收入预测；
- 交易费用可以降低 0.25%~0.5%，而信用卡的交易费用为 3% 或更高，这样就提高了利润率；
- 为消费者提供 POS 机的一键式支付审批。

8. 为美国中等规模银行提供消费者贷款平台

商业需求及其重要性

传统的美国中小型银行（资产少于 200 亿美元），正在大幅度地失去市场份额，而其他反应敏捷的金融科技公司则在过去的四年间，通过提升移动友好度和创新数字产品，将市场份额翻了一番。那么银行领域的主要问题在于：

- 周期内低效率的人工贷款流程导致贷款服务的成本增加、操作时间过长、客户体验感差和市场份额丢失；
- 缺乏数字化贷款申请流程，比如电子签名或文件上传等；
- 依赖传统核销和风险管理过程、较少使用自动决策和诸如 Venmo 这样的外部数据源，进而导致欠佳的信用决策；

- 无法在大市场背景下竞争，传统的中小型银行就有可能被金融科技公司瓜分走更多的细分市场、客户以及心智份额（mindshare）。

解决方案

解决方案概述：为银行开发一个白标贷款发放系统（LOS），通过使用 Davinta 资产来实现快速上市，具体特点如下：

- 与外部数据源，如 Venmo 或 Facebook 进行整合，以便得出精准的信用／风险承保决策；
- 让用户体验到方便、精简的移动网络和电子签名；
- 基于机器学习的人脸识别和身份验证，方便快速递交；
- 与银行或第三方贷款管理和服务系统的整合。

该解决方案与现有系统无关，无须建立数据湖。

需要运用的算法

- 用于身份验证数据整合的商业化人工智能软件服务；
- 异常值检测算法；
- 用户承保和信贷决策的、基于推理规则的搜索引擎。

实施该方案所需成本

渐进式实施的时间与成本：

- 建立 LOS 资产：3~4 个月，20 万美元 ~30 万美元；
- 在商业银行部署白标银行产品：

第一阶段部署：6~8 周（针对小于 500 位的选定客户），15 万美元 ~20 万美元；

第二阶段产品启动：6~8 周，20 万美元 ~30 万美元。

商业价值

- 在快速增长的领域中增加贷款，并提高利润。这个环节有较可观的利润率，因为客户为贷款支付更高的利润率（平均 9% 的年利率）。
- 从金融科技公司那里抢回市场份额，并改善客户基础。

9. 医生名录

商业需求及其重要性

对健康保险公司来说，管理医生名录基本都是一个手工过程，主要依靠电子邮件、电话等人力活动，需要花费两到三个月的时间来完成。目录中的不准确信息有可能不符合监管要求，并降低客户的满意度。

解决方案

解决方案概述：开发一个自动化的解决方案，整合不同源的数据，并根据数据来源和延时覆盖其属性。该解决方案将内部资源与外部资源进行整合，每天都会进行数据的自动验证。通过路由记录，该方案将那些不能自动验证的数据发送到人工验证端口。此外，路由会根据不同的监管需求对数据进行优先排序，以降低合规风险。

该方案将目录的准确性从 60% 提高到 85%，减少 40% 的人工操作，将周期从之前的 2~3 个月缩短至 4~6 周。

该解决方案与现有系统无关，无须建立数据湖。

需要运用的算法

随机森林（Random forest）算法。

实施该方案所需成本

渐进式实施的时间和成本：

- 最初价值证明（PoV）：4 周，大约 8 万美元；
- 完整的方案开发：12 周，大约 50 万美元。

商业价值

- 大大降低了健康保险公司的违规风险；
- 医生信息准确度的提高，进而提高了客户满意度；
- 更快、更准确、优化的解决方案将克服人工处理和后续的延误问题。

10. 虚拟商品开发平台

商业需求及其重要性

对大型企业来说，业务转型的动力来自创新，创新可以推动企业的颠覆性变革。而对中小型企业和初创企业来说，快速构思和推出解决方案才是至关重要的。然而，从构思到产品化，这个过程极为复杂：它涉及多个步骤、虚拟的全球团队、不同流程、不同技术、不同工具包和不同技能包等，这些要素都加剧了其复杂性。如果以一种标准的方式来执行和统一这个过程，以及避免劳动力的重复使用、衡量企业的生产力等，那么会给企业带来巨大的挑战。

解决方案

解决方案概述：一个集成的协作平台（平台即服务）将

帮助企业加快从创意到产品的过程，因为这个平台会简化所有这些过程的管理、应用程序开发与部署、专业技能以及基础设施等问题。它将促使各利益相关者与创新者进行深层合作、开发并推出解决方案，以无缝、统一的方式推动企业的业务成果。

需要运用的算法

- 端到端、构思到启动过程的数字化；整个产品数据（PDLC）生命周期的数字化；
- "云上"和"为云"；
- 对多元工具与技术的创新支持。

实施该方案所需成本

渐进式实施的时间和成本：

- 概念和原型：

时间和成本：12 周，大约 5 万美元；

所需团队成员：产品经理和用户体验 / 视觉设计师。

- 完整的平台开发和市场投放：

时间和成本：12 个月，每季度发布一次，每次发布需 25 万美元；

所需团队成员：产品经理、产品营销经理、用户体验／视觉设计师，以及信息工程师，具有 PaaS/SaaS 经验的全栈工程师、SaaS/PaaS 设计师、软件测试开发工程师和工程负责人等。

商业价值

- 业务创新，更快进入市场（快速构思和推出）；
- 成本效益，因为现成的生态系统确保了更快的产品采用，不需要任何特殊专业技能；
- 统一的执行理解力，并提高团队生产力；
- 通过私人访问、数据驻留和主权合规来保证安全问题。

11. 商业卡的现代费用管理

商业需求及其重要性

加入银行企业卡项目的公司都希望得到及时、准确的费用管理信息。银行需要归拢不同来源的购买信息，以便满足客户公司的上述诉求。然而，这些信息的准确性只有 60%~70%，这引起了客户公司的极大不满。

解决方案

解决方案概述：该解决方案是使用支付网络（Visa 卡、Mastercard 卡等）填补这一空白。作为网络运营商，它们同时拥有卡片信息和消费交易信息。通过与不同的行业聚合者（尤其是航空公司、酒店和交通运输公司，这些是所有员工商业支出的重头）的合作，我们可以丰富卡片信息和消费交易信息，实现端到端的匹配和关联的支付交易。这反过来又表现为智能支出管理仪表板和高准确度的报告。支付网络促使发卡银行去满足并超越其客户公司的期望。

该解决方案与现有系统无关，无须建立数据湖。

需要运用的算法

- 数据整合；
- 匹配；
- 数据清理；
- 机器学习。

实施该方案所需成本

- 所需团队成员：前端工程师、后端工程师、数据工程师、数据科学家、机器学习工程师。

渐进式实施的时间和成本：

- 平台开发和第一个银行客户的使用：4~6个月，80万美元~100万美元；
- 引入后续银行客户：1~2个月，20万美元~30万美元。

商业价值

提高发卡银行的客户满意度；

提升发卡银行的领悟力，以便其能够为客户量身定制回扣和奖励计划，吸引更多的客户；

客户公司能够更细致地了解它们的业务开支，从而在管理员工支出方面做出更明智的、以数据为导向的决定。

12. 日用消费品／快速消费品的需求预测和物流优化

商业需求及其重要性

日消品／快消品公司无法创建可靠、准确、细化的消费者需求预测。这一局限反过来导致公司无法对产业链、产品流程、生产和配送端进行优化，进而导致其无法预测消费者需求，更无法及时满足消费者需求。低效的物流管理导致收入流失和产品浪费。

解决方案

解决方案概述：通过以下三部分解决上述问题。

1. 平台：收集和整合内部数据（如需求、销售、生产和其他企业系统）和外部数据（如尼尔森公司提供的信息、零售商扫描数据和社交媒体数据等）。

2. 智能预测模型：将以上来源的数据进行整合和筛选，以求准确地预测消费者对产品的需求，并动态地优先满足对高价值和高利润产品的需求，从而实现商业价值最大化。

3. 物流和零售商补给决策支持平台：确保上述活动可以得到最佳管理，最大限度地提高高价值产品的供应。

该解决方案与现有系统无关，无须建立数据湖。

需要运用的算法

- 数据整合；
- 多变量分析；
- 数据收集；
- 匹配；
- 数据清理；
- 时间序列分析；

- 预测模型。

实施该方案所需成本

- 所需团队成员：前端工程师、后端工程师、数据工程师、数据科学家以及机器学习工程师。

渐进式实施的时间和成本：

- 最初价值证明：5 周，大约 7 万美元；
- 完整的平台建设：额外 8~10 周，大约 30 万美元。

商业价值

- 能够最大限度地销售高价值和高利润产品；
- 通过准确的需求预测和优化生产进度表，提高供应链效率；
- 减少因未售出的库存或被拒绝的交货而造成的浪费；
- 通过与物流供应商进行更有效的谈判以及利用销售淡季的再补给窗口来降低成本。

13. 单一信息源：销售、收入和需求规划的纽带

商业需求及其重要性

由于 B2B 公司无法监管其内部所有职能，比如销售、财务、供应链等，这导致其预测不准确。公司的客户全方位视角很模糊，致使该公司无法拥有数据驱动的需求规划，也无法将其串联到下游系统。这些都会对投资者的信心、客户留存率、销售利润和收入带来消极影响。

解决方案

解决方案概述：通过搭建新平台将内部资源（如销售、财务、供应链和生产等）、客户业务优先级和订单积压情况等数据进行整合。通过使用数据分析算法，实现数据的汇总，并将其输入机器学习算法中，进而得到准确的需求和收入预测。该平台还可以用于监控、测量和报告企业的关键绩效指标。

该解决方案与现有系统无关，无须建立数据湖。

需要运用的算法

- 数据整合；
- 针对各种绩效指标定义的、灵活的规则引擎；

- 数据转换；
- 基于人工智能的新闻供应和机器学习算法。

实施该方案所需成本

渐进式实施的时间和成本：

- 一次性设置和实施：8~10 周，15 万美元；
- 每年的 SaaS（软件即服务）费用：30 万美元（此数据依据 250 个许可证的使用量和 3 年的多年期承诺而得出）。

商业价值

- 推动整个销售、财务和运营团队对其预测结果的问责；
- 将准确性从 75% 提高至 90% 以上；
- 生产力的巨大提高——平均每个销售代表每个月节省 8 小时，财务部门在合并和对账方面也节省了大量时间；
- 更快的决策时间（预测周期从 20 天缩短至 5 天）；
- 辨识向上销售和交叉销售的机会，并增加留存率；
- 与实时收入相关的需求得到优化，公司在第一年就节省了 300 多万美元的成本。

14. 商业态势感知

商业需求及其重要性

通常情况下，一家公司的 IT 运营团队在以下领域中存在多个孤岛：基础设施、应用程序和数据等，这对他们的关键绩效指标产生了负面影响，即影响了平均响应时间（MTTR）和上市时间（TTM）。公司需要更好的监控能力和分析仪表盘，以确保其基础设施、服务器和应用程序的运行以及成本优化。

解决方案

解决方案概述：通过搭建一个平台，用于连续提取环境信息，并将其与之前的知识融合起来，形成一个连贯的记忆图像。接下来，利用该图像去预测未来的事件。这个解决方案将识别、处理和理解以下关键信息要素：事件的"内容""地点"和"时间"。数据将会通过标准化的形式被采集，使用聚类和消除算法来减少数据输入过程中的干扰信息，进而可以被用来预测未来事件。所有相关数据都会被存入一个云存储库中，人们会对数据进行分析。随着新用例的不断增加，存储库中的数据也会越来越多。

该解决方案与现有系统无关，无须搭建数据湖。

需要运用的算法

- 数据接收和清理；
- 谱聚类；
- 元数据检查；
- 变量消除；
- 数据转换。

实施该方案所需成本

- 所需团队成员：前端工程师、后端工程师、数据工程师、数据科学家、机器学习工程师。
- 渐进式实施的时间和成本：

平台建设（包括数据摄取、标准化过程、算法培训和微调）：8 周，大约 25 万美元。

此外，涉及云供应商费用（公司的基础设施将适用于大多数场景中）。

商业价值

- 可以更好地监管企业资产；
- 基于市场预测，企业可以重新调整基础设施资产，以便实现运营支出的优化。

15. 危重病人的远程管理服务

商业需求及其重要性

患有诸如心脏病、高血压或糖尿病等的重疾病人，他们急需一个更好的平台，以便访问并响应标准的临床路径。远程管理，比如使用远程医疗服务，已经得到了人们的认可，其服务也超越了简单的医疗保险的监测服务。这有助于保险公司更好地预测索赔金额和现金流。为了优化医疗护理成本，大公司需要建立更多的健康护理接触点。制药公司也将拥有更广泛的药品配方临床试验数据，以及其监测到的批准药物的副作用的数据。

解决方案

解决方案概述：该远程平台将汇集数据，并与病人建立更多的接触点，以改善指导他们进入临床路径、行为追踪以及数据关联性的建议，这些都可以改善最后的结果。

预测算法将有助于制定下一步行动，并根据病人在平台上输入的信息提供指导和建议。精简、定期的数据收集 / 处理将实现以下功能：

- 制药公司有机会接触到病人的数据来测试药物并收集结果；
- 保险公司将提高索赔预测的准确率。

该方案与现有系统无关，无须建立数据湖。

需要运用的算法

- 针对洞察（医疗保健和保险平台）的人工智能／机器学习算法；
- API 整合（医疗保健和平台）；
- 保险；
- 医疗保险可携性和责任法案（HIPAA）。

实施该方案所需成本

- 基础平台建设：3~5 个月，50 万美元~100 万美元；
- 可做白标产品的完整平台：8~12 个月，100 万美元~200 万美元；
- 可做白标产品或作为订购服务提供给保险公司、保健供应商和制药公司（任何需要定制的需求都将以个案为基础，并被纳入平台中）。

商业价值

- 病人将得到更好的监测；

- 掌握更好的信息将有助于最终的决策；

- 对医疗服务提供者来说，一站式的解决方案可以为远程医疗提供远程支持；

- 对保险公司而言，提高了医疗索赔预测的准确性；

- 制药公司将有更多机会获得病人的数据，以便改善它们的试验，并创造出新的药物配方。

16. 为医疗保健网络中的中小企业提供移动应用程序

商业需求及其重要性

医疗保健公司的客户都希望自己在医疗保健的周期中享受到数字化体验。而在这个周期中，很多小企业，例如独立诊所或小型经销商，都不具备数字化服务。

解决方案

通过建立白标移动应用程序和一个后端平台来解决该问题，具体方法如下：

- 建立白标移动应用程序，这样患者就可以预约、取消预约、重新预约等，还可以给医生发送信息、更新保险、付款、上传收据以便索赔处理等；

- 搭建一个后端平台，这样可以向患者推送通知，以便管理患者的预约信息、提醒患者付款、处理付款流程、发送优惠消息并常与患者联系；
- 为中小型企业建立一个管理门户，以便管理它们的账户。

该解决方案与现有系统无关，无须建立数据湖。

需要运用的算法

- 应用程序构建工厂（在几分钟内建立移动应用程序）；
- 对话式机器人；
- 通知设计；
- 模式；
- 以人为本的设计；
- 下一个最佳行动；
- 调度算法（预约管理）。

实施该方案所需成本

- 所需团队成员：前端工程师、后端工程师、用户体验工程师、产品经理。
- 渐进式实施的时间和成本：

建立一个原型：1个月，10万美元；

第一个用例投入生产：6个月，60万美元。

此外，云计算供应商需要收取托管后端平台 API 费用。

注：苹果公司的推送通知服务和谷歌公司的云信息通知是免费的。

商业价值

- 客户获得端到端的数字化体验；
- 中小企业将获得即时付款收款能力；
- 更高效地接收患者；
- 更快的索赔处理。

17. 聆听客户心声，提高客户满意度

商业需求及其重要性

零售商需要在产品设计、商店运营等多个环节聆听客户或店铺的声音。客户的心声对所有零售商来说都是至关重要的反馈。这些反馈将有助于更好地执行营销、促销或其他价格活动以及根据不同季节调整生产方向，保证正确的产品出

现在正确的时间和地点。

解决方案

解决方案概述： 我们可以从商店和电子商务网站上获取客户的反馈，将这些意见通过语言和语义处理进行有效的分组，并提供给设计师和销售人员，以便更好地改进。随着时间推移，该方案将引入更多的数据来源，这样就可以提供一个更全面的观点。

该解决方案与现有系统无关，无须建立数据湖。

需要运用的算法

- 数据收集；
- 数据摄取和清理；
- 文本和语义算法（提供不同的数据模式）；
- 趋势分析。

实施该方案所需成本

- 所需团队成员：前端工程师、后端工程师、数据工程师、数据科学家、机器学习工程师。
- 渐进式实施的时间和成本：

建立基本的最小可行产品（MVP），以获得数据和基本的可视化：8 周，20 万美元；

　　全套解决方案的实施：8 周，30 万美元~40 万美元。

商业价值

- 减少未售出的库存；
- 减少折扣；
- 提高商店士气；
- 提高客户满意度。

18. 对话式人工智能平台

商业需求及其重要性

　　多个行业领域可以穿插使用数量庞大的信息，移动设备也正在成为大多数消费者的主要媒介，而它限制了可覆盖的内容。然而，为了获得答案，移动设备开启的是一个新兴的且不太经得起推敲和考验的对话渠道。

解决方案

　　解决方案概述：构建一个对话式网络人工智能平台，帮助企业快速地将其现有的网络内容和文件转换为语音格式。

- 使用关键词和行动词创建行业语义；
- 解析内容，为语音创建元数据；
- 通过输入和分支创建行动和提升技能；
- 提升利用内容创作平台的能力，为新内容提供元数据。
- 以上可以通过在网络浏览器安装插件，或利用商业网页 Alexa/ Siri/ Google/ Cortana 等来实现。

该解决方案与现有系统无关，无须建立数据湖。

需要运用的算法

- 语义分析；
- 语义层次结构；
- 数据解析；
- 机器学习；
- 对话式人工智能；
- 对话式用户体验。

实施该方案所需成本

- 渐进式实施的时间和成本：

建立原型：4 个月，20 万美元 ~30 万美元；

第一个用例的全套解决方案：4 周，5 万美元 ~7 万美元。

商业价值

- 客户满意度；
- 语境化数据消费；
- 历史数据分析（针对所有内容）。

19. 仓储流程自动化

商业需求及其重要性

在加工行业（尤其是农产品加工）中，仓储流程在可见性方面存在较大的差距，因为这个过程中的原料商品被当作输入，而成品批发是输出。比如，一个腰果仓库将腰果作为原料输入，经过蒸煮、去皮、分类、清洗等工序后，再将加工好的腰果包装，然后进行批发分销。虽然 ERP 系统可以追踪到农场的装载情况和腰果批发的产出情况，但无法跟踪中间环节发生的情况，也无法监测不同环节的效率。

解决方案

解决方案概述：

- 能够在每一个环节获取相关信息：从商品的装载、进入仓库到盒装外运批发等；
- 将这些信息推送到统一的数据库中进行存储，并确保所有利益相关者（比如仓库主管、总部业务人员、工程和机械经理等）看到这些信息。
- 警报和阈值，确保采取及时的行动（例如，修复迫在眉睫的故障），并留意发展趋势以便积极应对；
- 通过工业级平板电脑上的高配置应用程序，统一所有操作功能，并保证系统在可能出现的极端环境（如高温、多尘、极潮、渗水等）中继续维持运行。

该解决方案与现有系统无关，无须建立数据湖。

需要运用的算法

- 通过快速傅里叶变换进行振动分析，将零售商的 ERP 系统进行应用程序界面（API）整合；
- 蓝牙和条形码扫描功能；
- 用于预测性行动触发的机器学习算法。

实施该方案所需成本

- 渐进式实施的时间和成本：

最初价值证明：6 周，12 万美元；

完整产品构建：16~20 周，40 万美元。

商业价值

自动化解决方案减少了停机时间，提高机器和人工的效率，更好地预测仓库吞吐量。此外，该方案促进了生产链的可追溯性，进而降低了偷窃和浪费的风险。

20. 开设账户交易

商业需求及其重要性

银行为大型零售商提供贸易便利化服务，通过开设账户汇款功能，方便零售商从国际供应商处采购货物。不过，目前银行有必要通过简化采购订单、供应商发票、付款条件和折扣/费用的匹配过程，实现人工操作工作量的减少。

解决方案

解决方案概述：

- 从定期订购的零售商（买家）处收集采购订单文件/数据，并对其进行清理、存储，以便进行匹配；

- 帮助供应商上传发票，并捕捉其中包含的信息进行匹配；
- 从采购订单的条款和条件中充实发票信息，以便创建统一的应付记录；
- 提高分析和报告能力，支持对账和开支情报。

该解决方案与现有系统无关，无须建立数据湖。

需要运用的算法

- 支持机器学习的光学字符识别（OCR）；
- 与零售商 ERP 系统的应用程序界面集成；
- 工作流程管理。

实施该方案所需成本

- 渐进式实施的时间和成本：

最初价值证明：8 周，20 万美元；

完整产品构建：额外 6~8 个月，70 万美元。

商业价值

考虑到大量的人工干预、跟进、严格的付款时间表条件和微薄的利润，如果每年的交易额低于 1 亿美元，大多数银行在这项业务中无法实现收支平衡。这就意味着如果能够通过自动化来降低运营成本、依靠生成树协议（STP）提高速度，并且有更好的服务级别协议（SLA）作为缓冲，那么等待我们开发的将是一个巨大的市场（或是一个低于 1 亿美元的零售商）。

21. 基于人工智能模拟，实现车队管理

商业需求及其重要性

如果需要测试车队规模并服务于一个新市场，那么车队的管理组织需要运行 1 万次，才能获得一个最佳车队规模的估测结果。这就需要车队管理组织花费 3 个月时间，运行 10 辆车并投入 10 万美元才能完成上述估测。

解决方案

解决方案概述：开发一个模拟引擎，可以在 1 周时间内模拟 1 万次或更多的行程。这可以通过一辆车运行 100 次来验证模拟的准确性，成本仅为 1000 美元。

该解决方案与现有系统无关，无须建立数据湖。

需要运用的算法

- 静态路由；
- 优先队列。

实施该方案所需成本

- 渐进式实施的时间和成本：
价值证明阶段（PoV）：4周，15万美元；
完整产品构建：6个月，200万美元。

商业价值

- 减少确定自主车辆的车队规模的成本；
- 测试时间由3个月缩减为1个月；
- 加快上市时间。

22. 通过增强现实技术实现家居装饰品的数字购物体验

商业需求及其重要性

顾客在购买家居装饰品或家具的时候，往往在挑选颜色、尺寸、审美等方面遇到困难，尤其是网上购物的时候。统计数据显示，与实体店订单相比，大约 30% 的网络订单会被退回，而实体店的退货率则不到 10%。因此，商家面临着退货成本、质量检查成本、库存成本等挑战。除此之外，不能满足客户的期望，会影响品牌形象，降低客户的忠诚度。

解决方案

解决方案概述：在增强现实技术领域，搭建一个软件平台。该平台可用于家居装饰品和家具选择，为买家创造一种真实的体验。买家可以在该软件平台上传需要装饰的房间照片，或需要摆放家具位置的照片。我们的软件会在拍照的同时，依据房间的尺寸，虚拟出一间客户的房间 / 房屋。家居装饰品和家具现在可以被放置在虚拟的房间 / 房屋里，客户可以检查所选家居装饰品或家具是否合适。此外，该平台会显示产品的规格和其他可比较的产品，帮助客户更好地做决定。

该解决方案与现有系统无关，无须建立数据湖。

需要运用的算法

- 增强现实技术；

- 数据转换；

- 三维成像；

- 机器学习；
- 统计模型（生存分析）。

实施该方案所需成本

- 所需团队成员：前端工程师、后端工程师、数据工程师、数据科学家。
- 渐进式实施的时间和成本：

移动应用程序创建虚拟房间和家具装配：4个月，12万美元；

创建分析机制和反馈机制：6~8个月，25万美元。

此外，根据使用情况发放 AR 许可证。随后，平台将在15个月内完成全套工程。

商业价值

- 提高客户的数字化体验；
- 降低退货率和产品损坏率；
- 分析退货原因，改善客户体验；
- 从库存中节省现金；
- 为生产制造提供准确信息，包括尺寸、质量和颜色等。

23. 为基金经理提供数字营销驱动的销售方式

商业需求及其重要性

在美国，约有 12 万名 B2B 财富管理顾问，他们是普特南等机构基金公司的目标市场。机构基金经理的销售方式是以多接触和亲自参与为基础的，可这种销售方式不可拓展，尤其是在后疫情时代。

B2B 财富管理顾问需要随时获得有价值的信息、内容与研究结果，这样才能更高效地与他们的客户沟通，帮助客户在管理财富方面做出正确的购买决定，并建立这些客户的档案。

解决方案

解决方案概述：数字营销转型将帮助基金经理向自助服务顾问销售模式发展。

该解决方案将帮助投资公司在选择顾问的过程中提供更多信息，也随时提供消费数据，以便推进顾问的投资决策。

数据的收集会有很多渠道，比如通过数字内部营销渠道——基金可视化工具、网络研讨会、顾问以及社交媒体等，还可以借助顾问建议、基金续期等内部数据来丰富整体信息。顾问可以选择正确的渠道获取数据分析，并依据该数据分析采取下一步行动。

RIA 的接合是基于顾问兴趣和投资公司的资金的个性

化、有针对性的服务，这让潜在需求培养更加智能化。与此同时，可以改善营销转化结果。

该解决方案与现有系统无关，无须建立数据湖。

需要运用的算法

- 数据整合；
- 数据收集；
- 情感分析；
- 下一个最佳行动算法；
- 投资组合性能优化；
- 缺失值和最佳选择归纳。

实施该方案所需成本

- 所需团队成员：前端工程师、后端工程师、数据工程师、数据科学家。
- 渐进式实施的时间和成本：

初步探索：3 周，5 万美元；

人工智能 / 机器学习的营销实施：12 周，30 万美元 ~70 万美元；

客户之声和客户终身价值：4~6 周，15 万美元 ~20 万美元；

工具合理化：2~3 周，10 万美元。

商业价值

- 增加营销成果和营销驱动的销售额，而这项目前仅占整体 240 亿美元销售额的 3%~4%；
- 提高营销投资回报率（ROMI）、提高营销效率、降低许可成本；
- 实现组织的数字化转型——从目前面对面的销售方式转变为后疫情时代的数字营销模式。

24. 解决支付网络交换费的收入流失

商业需求及其重要性

支付网络的清算过程涉及大量的人工程序来处理那些收单机构/商户为了获取优惠交换费而提交的无效/欺诈性文件。这一过程导致收入和利润的巨大损失。此外，如果运营/风险团队计划"夺回"收入，那么他们需要支付高昂的人工流程费用。整个过程降低了支付网络的完整性。

解决方案

解决方案概述：该解决方案是一个人工智能 / 机器学习的应用程序，它将被用于整个支付网络的自动检测，并标记欺诈性交易。接下来，它会将以上信息反馈到业务工作流程中，确保风险和运营团队采取及时的补救行为。

该解决方案与现有系统无关，无须建立数据湖。

需要运用的算法

- 通过多变量高斯分布，结合机器学习进行离群点检测；
- 马尔科夫状态分析检测模式异常；
- 规则引擎；
- 用关键绩效指标进行聚类 / 分类的可视化。

实施该方案所需成本

- 所需团队成员：前端工程师、后端工程师、数据工程师、数据科学家。
- 渐进式实施的时间和成本：
最初设定与概念验证：2 个月，10 万美元 ~15 万美元；
一个风险 / 运行团队的生产部署和使用：2~3 个月，10 万美元 ~15 万美元；

多个（5个以上）团队的规模部署：2~3个月，20万美元~25万美元。

商业价值

- 在结算过程中标记无效交易，增加收入和利润；
- 缩减风险/运营团队中的人工流程；
- 维护网络生态系统的完整性和信任度。

25.迅捷的医疗申请授权平台

商业需求及其重要性

目前，我们很有必要将连接保险公司和医疗保险机构的模拟系统转换为现代数字平台，这可以保证更快速地处理索赔并获得授权，还可以将其传达给医疗保健公司，方便个人得到及时的治疗。

解决方案

解决方案概述：通过数字授权平台，改造现有的处理信息的系统，以便快速批准客户的医疗保险索赔。在当今社会，医保报销的数量正在猛增，可现有的平台无法及时满足病人的需求。在验证索赔信息之后，数字平台会将汇总的大量个人数据发送给医疗保险主管部门。之后，主管部门必须进行快速审查并做出最终的索赔决定（批准或拒绝）。接下来，信息会传递给医疗保健公司，以便它们尽快为病人提供治疗服务。

该解决方案与现有系统无关，无须建立数据湖。

需要运用的算法

- 认证；
- 光学字符识别；
- 数据汇总；
- 风险决策；
- 数据清理；
- 流媒体；
- 图像识别；
- 标准分析自动化工作流程。

实施该方案所需成本

- 所需团队成员：前端工程师、后端工程师、数据工程师、保险业中小企业、医疗保健业中小企业。

- 渐进式实施的时间和成本：

初步探索：2~3 周；

最初的支付原型：4~6 周，10 万美元；

图像识别和光学字符识别：4~6 周，25 万美元；

风险决策：4~6 周，25 万美元；

分析：4~6 周，25 万美元。

商业价值

- 对中等规模的保险公司来说，这将有助于及时处理大量索赔，并帮助公司在这一时期占领相当大的市场份额；
- 患者会得到更快的批复（连同共同支付的费用明细），并尽快得到相应治疗；
- 医疗保健公司将及时得到理赔以及共同支付信息。

关于作者｜About the Authors

拉姆·查兰

世界知名的商业顾问、作家和演讲家。在过去的 40 年里，曾与许多顶级公司、CEO 和董事会进行合作。《财富》杂志称他为"当代最有影响力的顾问"，为丰田公司、美国银行、美国密匙银行、印度工业信贷投资银行、印度埃迪亚贝拉集团、诺华制药、麦斯集团、Yildiz 控股公司、UST Global、美国哈门那公司以及 Matrix 公司提供咨询服务。

当今世界，商业运作环境不断更新变化，拉姆则极为擅长在这复杂变化的环境中带领公司突出重围，且由拉姆设计的运营方案是极其容易上手的——那种周一早上一拿到手就可以立即使用的。

年轻时候的拉姆曾在印度北部的一家家庭鞋店打工，在那个时候，他就开始接触商业教育。后来，拉姆远赴澳大利亚从事工程工作，他的老板发现了拉姆的商业天赋，并积极鼓励他拓展该天赋。后来，拉姆在哈佛商学院获得了 MBA 和博士学位，并以优异的成绩毕业，成为贝克学者。

拉姆出版的 30 多部著作，被译为十几种语言，在全球销售 400 多万册。其中，有 3 部书荣登《华尔街日报》畅销书名单，另有一部与霍尼韦尔前首席执行官拉里·博西迪等合著的《执行》，荣登《纽约时报》畅销书排行榜长达 150 多周。

通过内部高管教育项目，拉姆为新兴企业领导者授课，并获得多个教学奖项。经拉姆的指导，几十位学员最终成为各自公司的首席执行官。

此外，拉姆荣获美国国家人力资源学院的杰出会员，并曾任职于公司治理蓝带委员会。

拉贾·瓦提库提

卓越的创业家和慈善家。30 多年来，拉贾一直致力于通过创新方案来解决商业挑战。拉贾尤其擅长理解企业面临的多变环境，并有能力提供突破性的方案帮助企业排忧解难，比如利用数据和技术来简化商业模式等。目前，拉贾的研究重心转为数字业务，并利用以客户为中心的思维模式来改造企业运营。

早在 1985 年，拉贾就创建了完整商业解决方案工作室，帮助企业攻克一些他人通常会回避的商业挑战。后来，工作室更名为 Covansys，并在纳斯达克上市。2007 年，拉贾以 13 亿美元的价格出售该公司，此时的 Covansys 公司已经从最初的 5 名员工发展到 8000 名员工。其他由拉贾创办的优秀商业企业还包括 Synova 公司、瓦提库提技术公司、瓦提库提风险投资公司、Davinta 科技公司以及在 2012 年成立的阿尔特米特里克公司。

拉贾与大大小小的多家企业合作过，他对复杂的商业挑战有着深刻的见解，这也是他创办阿尔特米特里克公司的催化剂。该公司的重点任务就是简化业务、消灭孤岛、创建单一信息源（SSOT）并激发创新以实现更多机遇。通过具备商业视角的从业人员的一线实践，该公司致力于帮助客户定制解决方案，取得切实的利益和快速的增长。阿尔特米特里克公司已经成长为一家纯粹的从事数字业务和拥有数字技能的转型公司，与全球十几家公司建立合作伙伴关系，在全球 18 家办事处和研发中心拥有 5000 多名员工。

拉贾入选 2020—2022 年度韦恩州立大学的创业和创新名人堂，荣获 EY 安永 2020 年度企业家奖、密歇根与俄亥俄西北部地区奖、TiE 底特律 2017 年度终身成就奖、伍德罗·威尔逊 2007 年度企业公民奖、2002 年度埃利斯岛荣誉奖章、2001 年度 Dykema Gossett 终身成就奖，并获得布莱恩特大学的工商管理荣誉博士学位。

拉贾致力于回馈他生活和工作的社区，所以他与妻子帕德玛一起成立了瓦提库提基金会，基金用于支持亨利·福特医院（瓦提库提泌尿外科研究所）和密歇根州的博蒙特医院（瓦提库提数字乳腺成像中心）的癌症研究和治疗项目。瓦提库提泌尿外科研究所采用最先进的疗法，治疗前列腺癌、肾脏疾病、膀胱癌和其他泌尿系统疾病，实施泌尿外科机器人手术超过 1 万例。他还创立了"扶贫与发展"计划，解决印度农村地区的健康、教育和就业等问题。

领导力大师系列

用大师的领导力思想，应对数字时代的深度变革

享誉世界的领导力大师的传世之作。新东方创始人俞敏洪、清华大学教授杨斌领衔推荐，为你的精彩人生规划一份领导力蓝图。

ISBN：978-7-5043-8934-3
定价：79.00 元

哈佛商学院终身教授、变革领导力之父约翰·科特最新力作。本书堪称变革逻辑的颠覆性创新之作，组织变革和领导力提升的教科书级指导书。

ISBN：978-7-5043-8993-0
定价：79.00 元

本书系统介绍了 11 种各具特色的思维方式，能全面提升你的大局意识、创新力和领导力，帮助你以多维思考应对复杂社会的巨大挑战。

ISBN：978-7-5151-0880-3
定价：59.00 元

本书为我们打开了"青色组织"与"自主管理"的大千世界，各种新型管理做法闪亮登场，带我们领略这些充满生机与活力的组织新型管理实践。弗雷德里克·莱卢郑重推荐！

ISBN：978-7-5043-8984-8
定价：89.00 元

世界知名咨询公司光辉国际首席执行官重磅作品。锁定感激、坚韧、渴望、勇气、共情 5 大领导力品格，塑造真正优秀的领导者。

ISBN：978-7-5043-9063-9
定价：69.00 元

世界知名咨询公司光辉国际首席执行官重磅作品。聚焦把危机视为新常态的心智模式和思考技术，助力企业打造超高逆商，在穿越迷雾后走向成功。

ISBN：978-7-5043-9008-0
定价：65.00 元

享誉世界的领导力和人际关系大师麦克斯韦尔最新力作。对于在危急时刻如何带领团队走出困境，给出全面、客观、实用的解答和指导。

ISBN：978-7-5043-9076-9
定价：59.00 元

前美国公开演讲冠军、领导力专家的智慧总结。全面解读语言艺术如何提升领导力及团队绩效，并最终影响企业命运。

ISBN：978-7-5043-9021-9
定价：59.00 元

科技与领导力的完美融合
才能帮助企业完成数字化的全面转型

ISBN：978-7-5043-9156-8
定价：59.00 元

拥有磨炼自己、建立信任、携领他人、指引、多样性、创新、包容和话语权的品质才能成为强大、有影响力的领导者

ISBN：978-7-5043-9151-3
定价：79.00 元

作为一名顾问，我最大的优势在于无知，并且提出一些问题。
——彼得·德鲁克

ISBN：978-7-5043-9113-1
定价：79.00 元